どんな人も活躍できる

Disney's structure Compendium

ディズニーの大全
のしくみ

大住 力

Riki Osumi

JN072971

あさ出版

はじめに

　今日のビジネス環境は、人手不足、リモートワークの定着、そして急速なテクノロジーの進化など、前例のないほどの速さで変化しています。経営者やリーダーたちは、従来のマネジメント方法を見直し、新しい働き方への適応が求められています。

　ところが、多くのリーダーは、「指導・管理」という重責を担う一方で、「プレイヤー」として現場の作業をこなさなければならない状況になっています。このダブルロールの状況が、日常のマネジメントの実践をより困難にしている現実があります。

　こうした状況を踏まえると、企業はこれまで以上に明確なビジョンを持ち、社員1人ひとりの能力を最大限に引き出し、全員を活躍させる「しくみ」を作っていく必要があるでしょう。

　私はこれまで20年以上ディズニーで多岐にわたる経験を

積み、ディズニーランド単体（点の時代）からテナント店舗を含むリゾート全体（面の時代）のキャスト教育に携わってきました。その後、東京2020オリンピックの人材育成統括のほか、サービス業界、金融、製造、ITなど多様な業界の企業へのコンサルティング、組織変革、人材開発、チームビルディングなどで、多くの経営者やリーダー、そして実践現場と接してきました。

　この経験から実感しているのは、成長し続けている企業には、ある共通点が存在するということです。それは、**組織自体に強い意志があるとともに、蓄積されたノウハウを体系的に整理し、人材教育につなげていること**です。

　社員1人ひとりの能力を正確に把握し、その個々の強みを活かしながら、組織全体としても、高パフォーマンスを達成するための教育体系を築いていく。この積み重ねが、変化に強く、長期にわたり発展するカギとなっているのです。

ディズニーがモチベーションを重視しない理由

　私が長年働いていたディズニーは、その最たる例です。
　ディズニーでは、従業員個々のモチベーションに頼らず、全員が一定の成果を出せるしくみを整えています。なぜなら、「仕事はやる気や動機付けによっておこなうものではない」

と考えているからです。ディズニーの人材育成においては、感情を持ち込むことなく結果を出せるようにするシステムが必要だという考えが土台にあります。

　ディズニーでは、会社の最終目標（ゴール）を全社員と共有し、ミッション、チーム、コミュニケーションの3つを相互に作用させるシステムを作り、それが「ハピネス（幸せ）の提供」という企業価値を生み出し、従業員の働きがいや生きがいにつながっています。

　他社からはよく「ディズニーだからできるのでしょう」と言われますが、実際には社員1人ひとりの潜在能力を信じ、その能力を最大限に引き出すための小さなステップを積み重ねることで、チームの総合力を高めているのです。社員1人ひとりの小さな気づき、意見、挑戦を組織全体の力に確実に変えてきたことが、ディズニーの成長の秘訣といえるでしょう。

　本書では、ディズニーが人材育成において大切にしている価値観を軸に、全社員を活躍させるためのしくみを紹介します。

　第1章では、ディズニーの人材育成における10の原則に触れます。第2章では、全社員が会社のゴールを理解し、共感できるようにするための準備について説明します。第3章では、個人のミッションを達成するためのしくみを、第4章

では、チームが一丸となって力を発揮できるようにするしくみを、第5章では、組織全体が1つの方向に向かって動き出すためにコミュニケーションを活性化させるしくみを紹介します。

　6〜7ページにあるチェックリストから自社の課題を確認し、該当する項目が多い章から読み始めるのもいいと思います。

　これからは、"仕事"そのものよりも、"仕事を通じて得られるやりがい・生きがい"が、企業にとって一番問われる時代になります。

　"働く"とは何なのか？
　"仕事"とは何なのか？
　そして、"自分自身の生きがい"とは何なのか？

　業種や業態、企業の名前や規模ではなく、働きがい、生きがいを見出せる仕事の"場"が最も重要になると思います。

　本書を通じて、皆様の知識や知恵、経験、ミッションが社員に正しく伝わり、働きがいのある環境の実現につながることを心より願っています。

ソコリキ教育研究所

代表　大住 力

会社の課題チェックシート

あなたの会社の状態に当てはまる項目に
チェックを入れてください。
多くチェックの入った部分が、
重点的に解決すべきところです。

□ 自社の価値がわからない
□ どうすればメンバーが変わるのかわからない
□ 社内のどこから改善すればいいかわからない
□「当たり前」のことができないメンバーがいる
□ メンバーが主体的に動いてくれない
□ 社内教育の内容に自信を持てない
□ 何のために教えているのかわからない

会社のゴールが全員に伝わっていない

GOAL ▶ 第2章へ

□ 教え方に自信がない
□ 存在感の薄いメンバーが何人かいる
□ メンバーの褒め方がわからない
□ メンバーに愛社精神が乏しい
□ 先輩と後輩の仲が悪く、社内がギスギスしている
□ 新しいことをしないメンバーが多い
□ 全体的にコスト意識に乏しい
□ 中堅メンバーの成長が止まっている
□ 職場全体が静かで活気がない
□ 幹部層が新しいことに否定的

1人ひとりの働く目的・才能を見つけられていない

MISSION ▶ 第3章へ

□ 社内外でクレームが多発している
□ 採用してもメンバーが定着してくれない
□ 上下関係に厳しいメンバーがいてまわりが萎縮している
□ メンバーの仕事のレベルに大きな差がある
□ 仕事の質がなかなか上がらない
□ メンバー間でよくトラブルが起きる
□ 同じようなミスが繰り返し起きる
□ 自分のことばかりに注力し、助け合う雰囲気がない
□ チームで交流が少ない
□ チーム間の連携がとれていない
□ チームが静かで活気がない
□ メンバーが積極的に動かない
□ 自分の仕事に自信が持てないメンバーがいる

チームで働く意味・魅力が伝わっていない

TEAM ▶第**4**章へ

□ 社内でコミュニケーションが少ない
□ メンバーとリーダーが長期的な信頼関係を築けない
□ 仕事に課題意識を持たずなんとなく働いている
□ 好奇心の乏しいメンバーが多い
□ メンバーに伝えたいことがうまく伝わらない
□ 期待している気持ちが裏目にでてしまう
□ メンバーに目標がなさそう
□ オフィス環境の整え方がわからない
□ リモートワークのメンバーと信頼関係が築きにくい

行動につながるエネルギーが作られていない

COMMUNICATION ▶第**5**章へ

CONTENTS

第 1 章
どんな人も活躍できる
ディズニーのしくみ10原則

第 **2** 章
GOAL

会社のゴールが全員に見えるしくみを作る

第 **3** 章
MISSION

1人ひとりが動くしくみを作る

第 **4** 章

TEAM

チームが機能するしくみを作る

第**5**章

COMMUNICATION

エネルギーが生まれる
しくみを作る

本文デザイン・DTP／辻井 知（SOMEHOW）
編集協力／成田真理

第 **1** 章

どんな人も活躍できる

ディズニーのしくみ

10原則

常にゴールを
意識させる

　あなたはメンバーに仕事を教えるとき、どのように教えているでしょうか？　メンバーに仕事の指導をするとき、多くのリーダーは「How」、つまり仕事の進め方から教え始めます。「まずは＊＊から始めましょう。その際、＊＊のように進めてください。次に取り組むべきは＊＊です。それをおこなう際には、＊＊の方法で……」といった手順や方法に焦点を当てて説明をするのです。これでは、結果的に指示待ちの「これだけやればよい」という部下を作ることになります。

　しかし、ディズニーで大切なのは、「How」ではなく「Where」。これは、**ミッションやあるべき姿**といったゴールを指します。まずは、この大きな仕事の目的地を理解してもらうことから始めます。なぜなら、最終的に目指す場所がわかれば、**メンバーが自分の役割を理解し、仕事に対する好奇心を自然と持てるようになるから**です。日々の業務の1つひとつに意味を持たせ、最終目的地への大事な過程として教えていくのです。

　どんな会社にも、創業者の強い思い、ミッションがあるはずです。それを社員に伝え、共感してもらって初めて、それが働く意義、働きがいとなります。

　とはいえ、ミッションを唱和させるだけでは、社員の心には何も残らず、働く意義を感じてもらえません。社員の心を動かすためには、**心を震わせ、思わず涙を流すような"ミッションを腑に落とす体験"をしてもらう必要がある**のです。

強烈な 3 日間の研修でわかったこと

　ディズニーには、入社してすぐ「強烈な 3 日間」ともいえる、導入研修を受ける機会があります。私がディズニーのミッションに共感し、腑に落とすことができたのは、この研修を受けたときでした。何が強烈なのかというと、**会社のミッションを徹底的に理解できる**点です。ディズニーでは、たった 3 日間の研修で、新人を独り立ちさせてしまいます。

　この 3 日間の研修で印象的だったのは、事業が存在している理由やコンセプト、ミッションなどに関するていねいな説明が、一番集中力の高い初日のプログラムに入れられていたことです。

　会社の歴史の説明から始まり、創設者であるウォルト・ディズニーが、どのような経緯でこの事業を推進し、どのようなことが起き、どのように対処していったのかも説明され

ます。

　また、会社が社会に対しておこなったことに対するゲスト
の反応や会社の変革にまつわる話が、さまざまなエピソード
や画像とともに紹介され、吸い込まれるようにファシリテー
ターの話を聞いたものです。

　研修の最後には、立派なじゅうたんが敷かれた部屋に案内
され、リアルな白雪姫が登場した瞬間は、ディズニーのキャ
ラクターの特別なファンではなかった私でも、強烈なインパ
クトを感じたことを今でもよく覚えています。

　この強烈な3日間の研修と先輩に教えられたことを通して、
会社のゴールを意識することが自分の役割の理解につながる
ことを深く実感しました。

　あなたの会社には、会社のミッションを物語るエピソード
や、社員がミッションの意味を実際に体験し、心を震わせる
機会はあるでしょうか？

　メンバーを活躍させるためには、トップ（経営者や人事担当
役員といった経営陣）がミッションを正しく伝えるのはもちろ
んのこと、リーダーがそれを理解し、伝える準備をしたうえ
で、マネジメントをおこなっていくことが大切です。全メン
バーにゴールを理解してもらうための準備は、第2章でくわ
しくご紹介します。

原則 2

しくみで全員を
機能させる

　ディズニーには情熱のあるメンバーが多いので、ディズニーはメンバーのモチベーションを上げるのが得意と思っておられるかもしれません。しかし、そうではありません。

　ディズニーの人材教育には、「モチベーションを上げる」という概念はありません。「仕事はやる気や動機付けによっておこなうものではない」と考えているからです。

　モチベーションは、個人に強く紐づいた言葉で、個人の感情に左右されるものです。モチベーションを上げておこなう仕事とは、感情に左右されているともいえます。

　ディズニーの**人材育成では、感情を持ち込むことなく結果を出せるようにするシステムが必要だ**という考えが土台にあります。

多様性が認められるから全社員が活躍できる

　会社によっては、多くのメンバーとは考え方が違う人、まわりのメンバーに異を唱える人は「協調性がない」として排

除しようとするところがあります。

　ところが、ディズニーにはこうした考え方はありません。**どんな考えを持った人でも誰1人取りこぼすことなく、全員活用する**という考え方が根底にあるからです。むしろ、まわりと違う考え方の人間を入れたほうが、優れたチームになると考えています。

　トップや管理職が交代すると、その企業、その部署は上に立つ人のカラー1色に染まることも少なくありません。しかし、ディズニーでは、そうしたチーム作りを良しとしていません。

　また、組織の中には、「組織への貢献度が低い人」が一定数いるといわれます。会社によっては、こうした貢献度の低い人には、「何を言ってもムダ」「放っておけばいい」というスタンスを取っているところも少なくありません。

　しかし、ディズニーでは、人材に優劣をつけたり、放置したりしません。**どの人も「当たり前のこと」を確実にできるしくみを作り、全員を機能させる**という考えがあるからです。

　マネジメントする側が、組織内の多様性を含め、「どんな人も仕事ができるようにする」という信念を持ち、仕事を担うしくみを作れば、全メンバーが活躍できるようになります。そうした意味で、全メンバーを活躍させたいのであれば、組織内にある価値観から問い直していく必要があるでしょう。

「量的仕事」と「質的仕事」の両輪を動かす

　ディズニーでは、デューティ（DUTY：量的仕事）とミッション（MISSION：質的仕事）の両輪を動かし、仕事を練り上げてプロになるしくみがあります。

　量的仕事とは、入社したら誰でもやらなければいけない、できなければならない仕事です。パフォーマンスを発揮しにくい人でも、まずは量的仕事ができるようにマニュアルをもとに実践させていきます。

　量的仕事は「誰でもできて当たり前の仕事」ですが、けっして重要でない仕事ではありません。だからこそ、**リーダーがその仕事の意義を言語化してメンバーに伝え、きちんと担わせることに大きな意味がある**のです。

　しかしながら、会社は量的仕事だけでは成り立ちません。仕事では、質的仕事をこなす力も必要です。質的仕事とは、レベルアップした仕事、たとえるならまわりから「いい仕事するなあ」「助かるなあ」と感じてもらえる仕事をイメージしていただければいいと思います。

　会社としては、量的仕事をこなすしくみをしっかりと作り、その上に質的仕事を担うしくみも作るのが理想的です。量的仕事・質的仕事をこなすしくみは、第3章〜第5章でくわしくご紹介します。

原則 3

3つの要素で
企業価値を育む

　ディズニーでは、**社会に提供できる価値（企業価値）**を「ハピネス（幸せ）の提供」と考えています。事業の達成とは、すなわちハピネスの提供なのです。

　ウォルト・ディズニーが人材教育のメソッドとして作り、企業価値を生む要素として今でも大切にしているのは、ミッション・チーム・コミュニケーションです。この3つすべてが達成されたときに初めて、企業価値が生まれるのです。

　3つのうちの1つである「ミッション」とは、私たちの**働く目的**や最終的な**理想像**です。これは、1人ひとりの個人の働く目的であり、先ほど紹介したあるべき姿（ゴール）にあたります。

　2つめの「チーム」は、「全員が機能する集団」を意味します。**全メンバーが連携して機能的に動き、成果を出せる状態**を指しています。そこには「1人だけが動いていても、ミッションは達成できない」という意味が含まれます。

図1 ディズニー社における企業価値を生む3要素

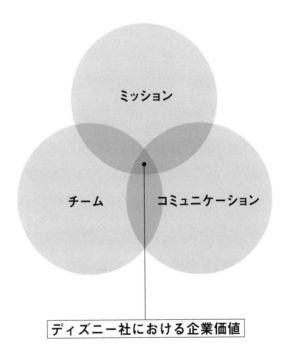

ミッション

チーム　　コミュニケーション

ディズニー社における企業価値

また、仕事は人のためにするものであり、人と人との間につながりができて、良い影響を及ぼし合って社会が発展していく。その**1人ひとりをつなげるもの**が、「コミュニケーション」というわけです。

ウォルト・ディズニーが コミュニケーションを大切にした理由

ウォルト・ディズニーは、コミュニケーションをとても大切にしていました。

ある人が彼に「あいさつとは何ですか？」と聞いたところ、彼は「『あいさつ』っていうのは、頭を下げ、声を出すことではなく、"気持ちを伝える"コミュニケーション」と答えたといいます。また、ある人が彼に「仕事とは何ですか？」と聞くと、彼は「『仕事』っていうのは、相手の気持ちをどう動かし、どう行動を変えるかというコミュニケーション」と言ったそうです。

彼にとってコミュニケーションとは、単に「話す」や「互いに理解する」ことではなく、それを超えて**相手の心を動かし、相手の行動を変えるエネルギー**そのものなのです。

これらの3要素を会社で根づかせ、自然とメンバーが育っていくしくみ作りをしていくことが人材教育の始まりです。コミュニケーションについては、第5章でくわしくご紹介します。

原則 4

フォロワーシップで メンバーを動かす

　よく経営者から「うちの社員は1人ひとりが考えて動かない」「自分から積極的に動こうとしない」と悩みを打ち明けられます。これは、経営者やリーダーが「あれをやれ」「これはやるな」と指示して仕事を進めさせているからです。リーダーが細かく指示していると、「言われるまでは何もしない」というチームになるのは当然です。

　世の中には、「リーダーはチームをリードするべき」という考え方がありますが、ディズニーでは、グイグイ引っ張るような一方的なリーダーシップは必要ないと考えています。

　リーダーの役割は、自分の指示通りに動く部下を作ることではなく、**優れたフォロワーを作ること**です。細かに指示をしなくても、メンバーがそれぞれに共有しているミッションやあるべき姿をもとに、**1人ひとりの主体性を最重視して、結果を出せるようにしていけばいい**のです。

　そのためには、メンバー1人ひとりの特徴や得意分野を見

極め、チームメンバー各人に、「**会社の役に立っている**」「**自分も会社に参加している**」ということを実感させるしくみを作っていく必要があります。

連携しやすいシステムがあればメンバーは動く

ディズニーには、フォロワーシップ（主体的にそれぞれの役割を遂行すること）を育てるために、**ブラザーシステム**というしくみがあります。上司・部下の関係にはない先輩と後輩が互いにコミュニケーションをとり合い、ブラザーという関係を作って働くしくみです。オフタイムでもブラザー同士はコミュニケーションをとる場合もあります。こうすると、**常にチームを意識して、細かな相談や意見交換ができる**からです。

このシステムによるブラザーの関係は、半年や1年で終わりではなく、長く続きます。新人にとっては、自分で考えて動く力を身につけることができるチャンスであり、先輩にとっては後輩に常に"視られている"ことを意識し、慢心することなく自分自身がさらに成長できるチャンスになります。

メンバーが気持ち良くコミュニケーションをとれるシステムがあれば、自然と連携がとれるようになります。この他にも、ディズニーにはメンバー同士がフォローし合うしくみがあります。くわしくは、第3章〜第5章でご紹介します。

原則 5

マニュアルで
全体のレベルを上げる

　ディズニーにおいて**マニュアル**は、**1人も取りこぼさずに人材を機能させるため、社内で「当たり前のこと」を確実にできるようにするための重要なツール**です。"全員がこなすルーティーン"のように作られており、作り方にもポイントがあります。それが、次の5つです。

> ❶ Story　「一連の動き」になっていること
> ❷ With Action　具体的な行動を示すこと
> ❸ Visible Outcome　結果が明確であること
> ❹ Simple, Short, Scrape　シンプルにし、短く削ること
> ❺ Impact（Easy To Remember）　覚えやすいこと

❶「一連の動き」になっていること

　マニュアルでは、作業の順番が定められ、流れが明確にわかるようになっていることが重要です。料理のレシピのように**順番**と**するべきこと**が記され、ストーリーのように示されていれば、誰でも理解できます。

❷ 具体的な行動を示すこと

ポイントの2つめは、行動は**具体的に示す**こと。

たとえば、お客様との接し方マニュアルが、「お客様には元気にあいさつをしましょう」という内容では、「元気に」がどういう行動を指すのかわかりません。

「テーブルの拭き上げは、上左から右へ、直線的に」「必ずテーブルのふちの裏側5cmも、包むようにして拭き上げる」というように、数字などを入れて誰にでも伝わる具体的な内容になっていることが重要です。

❸ 結果が明確であること

ポイントの3つめは、**行動をした結果（アウトカム）**が明確なこと。結果が目に見えるくらい明確でなければ、行動をしたあとに振り返りや検証が正しくできないからです。「テーブルの上には何もなく、それぞれのイスは内側に収納して終えます」のように示すと結果は明確です。

❹ シンプルにし、短く削ること

4つめのポイントは、シンプルで短い言葉でまとめること。Scrapeとは「削り落とす」という意味です。「マニュアルなのに、削り落としても大丈夫なんですか？」と言われることがありますが、実際の仕事はマニュアルをじっくり見ながらおこなうわけではありません。とにかく、**不要な言葉は削り落としてなるべく最小限**にします。

❺ 覚えやすいこと

　ポイントの 5 つめは、先ほどお伝えした❹にもつながることです。内容を削り落としたあとにストーリー化するなど、とにかく**記憶に残りやすく**することです。

　ディズニーでは、この 5 つのポイントをもとに作られたマニュアルが職種ごとにあります。

緊急時マニュアルに書かれていること

　マニュアルの例の 1 つとして、ディズニーの緊急対応マニュアルをご紹介します（30 ページ図 2 参照）。ここには、お客様に対する行動として、5 つのことしか書かれていません。このとき最優先にするアウトカムは、「2 次災害を防ぐこと」です。つまり、1 次災害の次に起こりかねない事故を防ぐのが目的です。2011 年 3 月の東日本大震災のときには、このマニュアルをもとに約 5000 名のスタッフが行動し、お客様の避難誘導をしたことがメディアでとりあげられました。

　シンプルさとわかりやすさを両立させるためには試行錯誤をする必要がありますが、しっかりとしたマニュアルを作り上げることによって、全員が統一的かつ効率的な動きとなり、マネジメントもしやすくなります。マニュアルのくわしい作り方は、55 ページで紹介しています。

図2 ディズニーの緊急時対応マニュアル

1 目をふさぐ

「みなさん、こちらを向いてください。こちらに注目してください」と言い、1点を集中して見てもらう

地震が起きたときは、混乱してみんなが騒ぎ始めます。そのため、まずは余計なものを見て、バラバラに動き始めるのを防ぎます。

2 足を縛る

「みなさん、その場にお座りください」と言って、各人が勝手に動かないようにする

3 手を縛る

ぬいぐるみなどを配って、手を動かせないようにする

ぬいぐるみなどを手渡されると、必ずと言っていいほど抱えるものです。それを利用して、まわりのものに触れて勝手な行動をとらせないようにします。

4 口をふさぐ

食べるものを配って、精神的な満足感を与え、話をさせるのを止める

会話によって不確かな情報が広がらないように、食べるものを配り、話をさせないようにします。

5 避難誘導開始

1～4の間に、キャストは情報整理や意思決定をおこない、安全な場所へ避難を開始する

原則 6

個の力は
3ステップで育てる

　ディズニーでは、個人の育成にあたっては、ファンクション→スタンダード→ナレッジという順番で育てるのがセオリーです。これは、「個の能力開発」にフォーカスした、育成ステップです。

　まず、「ファンクション」とは、「何を実現するために入社し、自分が働いているのか」という**メンバー個人の働く目的**、つまり**ミッションを正しく理解させること**です。

　次に「スタンダード」とは、**自分がやるべきことの基準を理解させること**です。統一的かつ効率的な行動の基準をリーダーが設定します。

　3つめの「ナレッジ」とは、**メンバー全員がこれまで蓄積してきた知識や知恵、体験をメンバーに継承すること**です。社員1人ひとりの経験や知恵を言語化して、アップデートし、体系化していくことが、会社の総合力になります。特に成功事例をみんなにシェアすることが、会社にとって大きな財産になります。

企業によっては、蓄積しているはずのものを言語化、体系化していないケースも少なくありません。これまで体得してきたものをメンバーがバラバラに持っているだけでは、会社の財産として残っていきません。これはたいへんな損失です。

　この3つのステップを積み重ねていくと、職場に良い連鎖が起こり、メンバー1人ひとりのスキルが高まっていきます。

教育内容と実務のギャップを生まないように

　会社によっては、新入社員研修は実施しているものの、その後はほったらかしというケースも少なくありません。また、研修で身につけたことを現場で実践しようとすると、上司から「それは現場では通用しないよ。研修は研修、現場には現場のやり方がある」と言われるケースがあります。これでは、研修をしていても意味がありません。

　人材育成部門と現場の社員の連携不足、理論と実践のズレが生じる場合もあります。それをリーダーや教育担当者、経営者が埋めていくしくみを考えることも必要でしょう。

　人材育成担当者と現場教育担当者の間にギャップがある場合は、会社として**人材育成担当者の間には一定の権限を持たせ、会社として進めていることを全社に理解してもらったうえで、現場と連携していく**のが一番スムーズだと思います。

図3 個の力を育てる3ステップ

ファンクション

個人の働く目的・ミッションの理解

「何を実現するために入社し、自分が働いているのか」などの使命や役割を理解させる

スタンダード

自分がやるべきことの基準の理解

チームにおいて、最低レベルの「やらなくてはならないこと」をできるように習得させる

ナレッジ

知識・知恵・体験の継承

自分の知恵や体験を他のチームのメンバーに伝え、チームの全員が共有、協働できるようにさせる

SWING思考で
常に自問自答させる

　ディズニーで必ず教わることの1つに、「**1人ひとりが常にSWING（振り子）しなさい**」というものがあります。

「SWINGする」とは「振り子のように左右に揺れる」ことで、「外の世界や外部環境と、自社や自分自身の行動を比べ、行動の変容を心がけなさい」という意味です。

　「外の世界」にあたるのは、今いる業界で働くうえでインプットするべきこと。たとえば、**業界の最新情報や事業に関する知識、資格**などです。

「自社・自分自身」にあたるのは、今の自分、自分が置かれている企業、国など、**自分を取り巻くもの**です。この2つをもとに常に自問自答して、比較・検証・行動を変容させなさいというのが、SWINGの教えです。

　そして、SWINGで得た情報を一時的に頭の中にとどめておくのではなく、その情報をもとに自分で考え、調べ上げてインプットし、今自分にできることをアウトプットする。大

切なのは、**アウトプットして次のアクションを起こすこと**なのです。

違和感を見て見ぬふりでは成長できない

SWINGすると、「何かおかしいな」「私はこれでいいのかな？」「うちの会社はこれでいいのかな？」という違和感が見つかります。そこにはビジネスチャンスが潜んでおり、組織成長のカギがあります。ディズニーでは、こうした違和感に気づき、気づいたことを行動に移して改善を重ねているのです。

私がディズニーを退職して始めた、現職の難病を患う子どもとその家族全員の支援活動は、子どもたちの叶えたい最大の夢が「ミッキーマウスに逢いたい」というアンケート結果を見たことがきっかけでした。そこから、7年間自問自答、行動して、最終的には退職を決意しました。私にとってSWING思考は、仕事のみならず、生き方にまで影響を及ぼした思考法でした。

「自分に今、必要なことは？」「何をすべきだろうか？」といった自問自答の繰り返しは、先行きの見えない時代を生きていくうえでも大切なことかもしれません。会社を辞めて14年たった今でも、私が一番実感しています。

本来の仕事まで
するのが
プロフェッショナル

　目標に向かってタスクを細分化し、着々とタスクをこなしていく……。仕事というと、このような逆算のイメージを持つ人も多いかもしれません。

　しかし、ディズニーには、**仕事は２ステップで作り上げていくものだ**という考え方があります。ステップ1はデューティ（DUTY）をこなすこと、ステップ2はミッション（MISSION）をこなすことです。

「デューティ」とは、必ずやらなければいけない仕事のことをいいます。**量的仕事**にあたり、頭ではなく身体で覚えていく仕事で、誰がやっても同じ結果にならなければなりません。

　たとえば、「お客様に見積書を送る」という場合、見積書を作成してお客様に送るだけであればデューティの範囲です。

　一方、「ミッション」とは、デューティの先の次元にある

もの、いわばこれこそが「本来の仕事」です。**質的仕事**にもあたり、いわば自分の頭で考えなければできないこと。ジョブ・ディスクリプション（職務記述書）では表現されない部分です。

「お客様が理解しやすい見積書を作る」「お客様が他社に相談する前に概算見積もりを送って、電話をかける」など、自分の頭で考えておこなった仕事は、自分の「こだわり」や「テクニック」にもなります。こうしたちょっとした工夫を仕事の中でできると、プロとしての自信になります。

　メンバー 1 人ひとりがこの 2 ステップを繰り返すことで、会社のミッションを達成できるのです。

仕事は永遠に完成しない

　ウォルト・ディズニーの有名な言葉に「ディズニーランドは永遠に未完成」というものがあります。これは、「仕事に、これで良し（完ぺき）はない」ということです。

　先ほどお伝えした通り、ディズニーには、デューティをこなすためのマニュアルがあります。マネジメント職の内容についても、どの箇所をどのように管理するのかがマニュアルに書かれています。これは、「型を作って仕事を与えれば、漏れがなくなる」という考えにもとづいて作られています。

　一方、ミッションについては、「自分の頭で考えるもの」

と書いてあるだけです。そこには、「仕事は無限であって、常に既存の方法で満足してはいけない」という思想があるのです。

　自分の頭で考えて動いた結果、失敗することもあります。その場合は、失敗した理由を本人とリーダーが話し合うことが教育であり、失敗した経験は必ずプラスに働くのです。

　とはいえ、事業の内容や現場の事情、時流に応じてデューティとミッションの割合は変わります。ディズニーではデューティが6割、ミッションが4割としています。**リーダーはこの2つのバランスを考えていく必要がある**でしょう。

　たとえば、現場にAIが導入され、活用できるようになれば、デューティの割合を減らし、代わりにミッションの割合を増やすこともあるかもしれません。

　ただ、重要なのはデューティとミッションの比率ではなく、**仕事には必ずデューティとミッションがあり、ミッションを達成して初めて、企業の使命、あるいは仕事が達成されるということ**。リーダーは、メンバーが自分で考えたことを実践できる環境やしくみを作っていくことが大切なのです。

図4　デューティとミッション

デューティ
（DUTY）

必ずやらなければいけない仕事（量的仕事）

- お客様に見積書を送る
- お客様にアポイントを入れる
- 請求書を送る

　　　　　　　　など

ミッション
（MISSION）

自分で考えておこなう仕事（質的仕事）

- わかりやすい見積書に変える
- お客様が他社に相談する前に概算見積もりを送って、電話をかける
- どこからでもアクセスできるようにデータ化する

　　　　　　　　など

ムダを生まない
一貫性を作る

　ディズニーでは「**ルック（見た目・景色・景観）**」を大切にする習慣があります。働く人は、清潔できちんと美しくしているのが「当たり前」なのです。

　職場のいたるところに全身が映る大きな鏡が置かれ、自分の身だしなみをチェックできるようになっています。

　また、テーマパーク内だけでなく、バックステージも整然とし、モノの置き場所が決められています。「＊＊はどこにあるのかな？」と探し物をして時間をムダにする**非効率を避けるため**です。

　オフィスも同様です。常に整理整頓されていて、目につくところにムダなものは一切置かれておらず、整然としてきれいなスペースにするように指導されます。

一貫性があればチームに迷いは生まれない

　また、ディズニーでは、チームのメンバーにリーダー側からコミュニケーションをとるように教育されます。

「おはよう」「ありがとう」などのあいさつや、仕事の進捗についての中間報告なども、「上司から聞きに行きなさい」ということです。

リーダー側から状況を聞くのは、こまめにマネジメントをおこなうことで、"仕事の後戻り"を防ぐためです。

教育は形だけ整えてもうまくいきません。「**リーダー自らが実践してこそ真の教育である**」というのもまた、ディズニーの考えです。

オモテから見えにくいところも整え、リーダー側からきちんと実践する体制を作れなければ、まわりの人を動かすことはできません。整理整頓されていない汚いオフィス、リーダー自身がルーズな状態では、いい仕事は当然生まれません。

うまくいく組織はオモテもウラも、すべてに一貫性があります。リーダーのきちんとした背中が見えていて、オモテとウラに一貫性があるからこそ、メンバーが迷わず、効率的に動けるようになるのです。

主体的に動ける
基準を作る

　どんな仕事でも、自分で考えて行動しなければならない場面があります。上司が必ずしも側にいるとは限りませんし、上司の判断を待っているとチャンスを逃すこともあります。また、上司に判断をあおいでばかりいると、自分がリーダーになったときに、すばやく適切な判断ができません。

　そうしたことを防ぐために、ディズニーでは**行動基準を明確にしています。行動基準にしたがって出した判断であれば、大筋は間違えずに作業を進められるということです。**メンバーメンバー1人ひとりが行動基準の優先順位をもとに判断するので、大きなミスに発展することもありません。

　ディズニーの場合、行動基準の優先順位を①安全性、②ていねいさ、③多様性、④SHOW、⑤効率としています。

　お客様の「安全」を守り、お客様に対して「ていねいに」接するというのは、接客業では基本中の基本です。「多様性」は、人種・性別などの人間性を認め、重視することです。

「SHOW」は、自分がいつも人に見られていることを意識することです。身だしなみや立ち居ふるまいを指します。

「効率」は、コスト意識という言葉に置き換えてもいいかもしれません。ただ、お客様に直接サービスするキャストに高い優先順位でコスト意識を持たせると、行動が過度に慎重になったり、質の高いサービスを提供できなかったりする可能性があります。そのため、ディズニーではあえて優先順位を少し低く設定しています。

こうした行動基準は、それぞれの会社の企業理念や事業内容によって優先順位が変わります。いずれにしても、**3〜5項目程度の優先順位**を伝えておけば、1人ひとりが自分で判断して行動できるようになります。

「自分の考え」を信じられる職場にする

ウォルト・ディズニーの言葉に、「He lives in you！」というものがあります。「He」は、「The answer」のこと。「**どう行動すべきか、その答えはあなたの中にある。あなたは自信を持って行動しなさい**」ということを意味する言葉です。

これは、「すべての行動は当事者意識を持っておこないなさい」という意味でもあります。自分で考えて行動する際に、自信を持つと同時に、「**責任を持って全うするという意識**を持ちなさい」ということです。

責任感のある人が育つ組織の中には、自分の頭で考えて行動する人を、ねばり強く応援する人がいます。「教えずに、自分で考えて動くのを待つ」という放任の姿勢、時代が刻々と変わっているのに「どうせ変わらない」「これしかできない」という考えのもとでは、それ以上の発展はありません。

　ここまで、ディズニーの人材教育の土台となる考え方を紹介してきました。「自問自答すること」や「主体的に動くこと」は、会社がそれをできる環境を用意してこそできることです。

　1つひとつは小さなことですが、リーダーが入念に観察と調整を重ね、しくみを作り、ねばり強く実践を繰り返していくことが人材教育だといえると私は思います。

　さて、続く第2章からは人材教育の土台となる企業の情報のまとめ方を紹介します。本書冒頭のチェックリストで、第2章の部分にチェックが入った人は、この段階に課題がある可能性が高いです。第3章〜第5章にもかかわる大切なことなので、ぜひトライしてみてほしいと思います。

第 **2** 章

GOAL

会社のゴールが

全員に見えるしくみを作る

3つの提案をして トップと課題を共有する

　社員のパフォーマンスアップを図るために、リーダーや教育担当者が前向きになっていても、あとになってトップから「私がやりたかったことと違う」「今はそんなことしなくていい」という指摘が入ることがあります。これは、作業の後戻り（はじめからやり直さなければならない事態）を発生させ、時間や労働力などにムダが生じることになります。

　そうならないために、人材教育を始める前には、トップと人材課題のすり合わせをしておくことが大切です。トップと直接話せない場合は、トップと話せる人に課題の確認をお願いし、事前の確認をするといいでしょう。

　トップと人材課題のすり合わせをするときは、**リーダーや教育担当者自身は、まず自分が考える会社の課題を3つ用意しておいてください**。私のこれまでの経験でも、複数用意しておけば、たいてい1つは選ばれています。

　3つのうち1つは、「それは実現できない」と思われるような極端なものでもかまいません。トップの心理としては、そ

図5 3つの課題を見つける手順

① 会社の課題を3つ見つける

次のA・Bの場合は3つのうちの1つに、その課題を入れて提案する。残りは、例のような一般的な人材課題の中から提起すればよい。Cの場合は、例の中から自社に近いものを選ぶ。

> A　トップが日頃からメンバーに対して不満を口にしていて、メンバーの課題が明確になっている場合
>
> B　リーダー（教育担当）が日頃から社内の人材課題に対して明確な課題意識を持っており、それを推進したい場合
>
> C　AでもBでもなく、漠然とメンバーの変革、人材変革が必要と思われる場合

例

- トップやオーナーが考えている理念や企業使命がメンバーに浸透せず、メンバーの方向性や目指すべき姿勢にブレが生じている（理念浸透）
- メンバー自らが考え、自走する組織であってほしいのに、指示待ち人間になっており、積極的に動かない（自走組織）
- 組織内コミュニケーションが足りず、ギスギスした空気があり、他人・他部署を社内でも責め、組織が腐敗、軋轢がある。もっと仕事を楽しんでほしい（組織活性）
- 担当者ごとに手段、目的が異なり、仕事の結果にムラ、ムダ、モレなどが多発している（作業効率）
- 中途退職者が多く、教育しても多くがやめてしまう（就業雇用）

② それぞれの課題から次の3つを具体化し、今回のテーマを決める

- 課題（今の経営課題、解決するための人材教育の課題）
- 全体像（自社の教育で足りないもの、人材の理想像）
- ゴール（「全体像」の実現に向けておこなうこと）

例

【課題】

企業理念の浸透、企業価値の浸透

▶ 49ページにつづく

の中から選ぼうという気持ちになります。すべて違う場合は、具体的にトップから指示されるものです。

伝えるときに意識する3つのポイント

　3つ課題を用意したら、そこからさらに次の3点を出し、それぞれをA4用紙1枚にまとめます。このまとめたものをトップに伝えます。伝えるときは1つの課題につき約3分、合計10分以内に話すようにするといいでしょう。

> ● 人材教育の課題と理由、解決のためのテーマ
> ● メンバーに教えること・研修内容
> ● 必要なモノ・お金・時間

　最も重要なのは、トップと人材課題のすり合わせをしたときに、**その場で今解決すべき最優先課題をトップに決断してもらうこと**です。このときに、併せて**トップに人材育成の中間報告をする日、最終報告をする日を、必ず押さえておく**ようにしましょう。

　人材育成では社内のさまざまな人の協力が必要です。多くの人に協力してもらうためにも、「トップの承認のもと、人材教育をおこなっている」という下地は作っておくべきなのです。

【全体像】

● メンバーに、仕事のやりがいを仕事を通じて実感してもらい、それ自体を人生の生きがいにも感じさせたい

● 真面目に働いているメンバーは多いが、その先にある喜びを感じ、次なるステージや景色を見てほしい

【ゴール】

メンバーの担当する作業の先にある企業全体の目的（企業価値）を実践で理解してもらい、その働きがい、生きがいを実感し、明日の作業、仕事の活力源を体得する

【テーマ】

当社の社会的価値について

③ ②のテーマに対して、次の3点を具体化し、合計10分で伝わる長さにまとめる

トータル10分で提言するため、1案につき約3分で話せる内容にする。

▶ **人材教育の課題と理由、解決のためのテーマ**

「厚生労働省が先に発表したデータでは…（参考データ、数値を活用する）」や「先日のスタッフ意識調査アンケートの結果から…（社内データを参考、活用する）」などと切り出し、「そのため、○○を課題解決、テーマとした、人材育成が必要と思われます」と伝える。

▶ **メンバーに教えること・研修内容**

「以下の内容、順序で○日程度の時間を頂戴して、研修を計画しています」と言い、下記を伝える。

● 主な内容、その順序

● 期間

● 会場

● 担当部署、人材

● 概算コスト　など

▶ **必要なモノ・お金・時間**

● トップにお願いしたいこと（内容、時期、時間など）

● 必要な人材、指導者の選任

● 予算に対する概算コストとの比較、予備費の必要性　など

500字の
ストーリーで伝える

どの企業にも企業理念（自社価値）があります。しかし、むずかしい言葉や美しい言葉で伝えても、企業理念の本当の意味は社員には伝わりません。企業理念はとかく美しい言葉で表現されていますが、言葉はいかようにも解釈できます。「私たちは＊＊＊して社会をより豊かにしていきます」と言われても、さらに細かく説明しなければ、「豊か」がどうなることかはまったく伝わりません。

企業理念を社員に理解してもらうには、**創業者の実際の思いや動きが息づいている500字程度の創業ストーリーをもとに社員に伝える**のが効果的です。

ディズニーでは、企業理念を説明するときに「私たちは遊園地を運営しているわけではありません」とキャストに伝えています。

なぜなら、ウォルト・ディズニーは、「ディズニーのテーマパークは、訪れた人たちがフェイス・トゥ・フェイスのコミュニケーションができる場所。コミュニケーションによっ

て幸せを提供するのが私たちの仕事だ」と考えていたからです。このように伝えられると、ジェットコースターなどのアトラクションのある単なる遊園地を運営している会社という認識ではなくなり、メンバー１人ひとりがミッションに向かって正しい行動ができるようになるのです。

「変えてはいけないこと」と「変わらなくてはならないこと」

　企業理念をストーリーにするには、これまでの自社の歴史を改めて調べる必要があります。といっても、社史を作るわけではないので、事実を羅列するだけでは意味がありません。**経営者や創業メンバーから、企業理念を理解できるリアリティのある話を集め、社員に伝わる内容にしていくこと**が大切です。

　創業当時の時代背景、社会環境や社会事情、会社を立ち上げたきっかけ、創業メンバーが当時考えていたことなど、**創業メンバーの生きざまがわかる事実**をヒアリングします。創業メンバーが故人となっている場合は、創業当時を知る古いメンバーを探して、ヒアリングすると良いでしょう。

　若い頃に学んだこと、努力したこと、試練、一番うれしかったことなどを質問すると、思いがけない話が聞けるかもしれません。

　現在の経営者には、創業以来、会社にとって「**変えてはい**

けないこと」と「**変わらなくてはならないこと**」を聞きます。多少時間はかかりますが、話しているうちに思い出すことがあるので、図6の質問を参考にていねいにヒアリングしてください。

キーメッセージをもとにストーリーにしていく

　ヒアリング内容は、必ずしも1本線のストーリーになるわけではないと思います。空白期間があったり、出来事1つひとつのつながりが見えにくかったりもします。そんなときは、**ヒアリングする人が想像力を働かせ、仮説を加えながら、1つのストーリーに仕上げていきます**（54ページ参照）。

　ストーリーにするときのポイントは3つあります。

　1つめは、**キーメッセージ**を見つけることです。「夢の実現」「ハピネスの実感」「非日常の世界」「夢、スマイル」など、ヒアリング内容からカギとなるメッセージを決めていきます。

　2つめは、キーメッセージをもとに、**メンバーが覚えやすく、インパクトがあって、共有しやすい言葉に調整すること**です。

　3つめは、ストーリーを聞かされたメンバーが**共感できる内容**に仕上げていくことです。これが最も大切なポイントです。最終的には400〜500字程度に削ってください。

　最後はトップに内容を報告し、完成させていきます。創業ストーリーは、第3章〜第5章で紹介する、ゴールを再確認させる場面で使うことができます。

図6　創業ストーリーを作るためのヒアリングシート

- [ ] 創業時期はどのような時代で、どのような背景をもとに、創業されたのですか？
- [ ] そのときは、どのような意見がそのメンバーから出たのですか？
- [ ] そのときのあなたは、どのように考え、行動していたのですか？
- [ ] そのとき、一番心を打たれたエピソードを教えてください。
- [ ] それはなぜですか？
- [ ] それ以来、その当時のみなさんは、どのように動かれたのですか？
- [ ] それに対して、社会やまわりは、どのような反応でしたか？
- [ ] その反応に対しては、みなさんはどのように対応したのですか？
- [ ] 今、その当時を振り返ってみて、どのように考えていますか？
- [ ] 当社にとっていつの時代も、「変えてはいけないこと」と「変わらなくてはならないこと」は何ですか？

図7 創業ストーリーを作る手順

① ヒアリング内容から、キーメッセージを見つける

> 例 その時の社内は、海を埋め立てて平地にして開発しなくてはならない時期だったのです。しかし、そのとき、"海を埋め立てる"ことは技術的にできたとしても、**そもそも"海"は万人の共有財産であって、誰かが所有するものではないと気づいた**のです。だからこそ、**人として**、万人が"歓ぶ"場所に**しなくてはならないと、みんなで誓った**のです。

〈導き出せるキーメッセージ〉
「そもそも〜と気づいた」→普遍的
「しなくてはならないと誓った」「人として」→正義

② 覚えやすく、インパクトがあって、共有しやすい言葉にする

BAD
・普遍的 ▶ 意味は何となくわかるが、ピンとこない
・正 義 ▶ 聞いたことはあるが、その意味はよくわからない

GOOD
・私たちの姿勢、生き方、自尊心、自負
・働きがい、やりがい、生涯の仕事

③ 社員が共感、参加したくなる内容に仕上げる

BAD
・それが私たちの責任だと思うのです ▶ 義務、責任などは窮屈に感じさせる
・その考えが唯一無二で、儲かり、利益が出せると考えたのです ▶ 不純な考えに思わせる

GOOD
・私たちは、"人として"しなくてはならないと、まず、考えたのです ▶ 信用、信頼感が醸成されたように感じさせる
・みんなで、世界で初めて実現させようと約束したのです ▶ 情景が浮かぶように感じさせる

しくみ3 **全メンバーが効率良く働けるようにしたい**

当たり前のことができる マニュアルを作る

　ディズニーでは、すべての人材を活用するため、マニュアルをしっかりと作っています。目的は、**やり方がわからず動きが止まる事態をなくすこと**です。教えていることが人によって違うとなると、部下に迷いが生じてしまいます。

　また、マニュアルは会社の課題を解決するものでなければなりません。トップが決めた課題を解決するために、誰がやっても同じレベルになる内容にする必要があるのです。

　ポイントは27ページで紹介しましたが、大切なのは、「**常識・当たり前・普通」はいったん白紙に戻して作る**ことです。常識や普通という感覚は、人や社会状況によって変化します。今の時代における自分たちのスタンダードを改めて作ることが大切です。

「いつ」「何をする」が誰にでもわかる内容に

　マニュアル作りで最も効率的なのは、全社で**マニュアル作成プロジェクト**を立ち上げることです。それぞれの部署から

メンバーが参画して、それぞれの部署でマニュアルを作り、最後にすべての部署のマニュアルを照らし合わせて、全社統一で、すべきことや精度を調整する方法です。

　また、マニュアルを作るときは、全員が**必ずやらなければならないこと**をすべて出すと同時に、**やってほしくないこと**も必ず洗い出します。ここでムダな作業が明確になります。
　マニュアルを作ったあとは、<u>**社員に求める「人格・品格像」なども全社で統一する**</u>といいでしょう。ディズニーでは、「Rough, but friendly（愛嬌を大切に：粗削りだが、人懐っこく愛嬌がある）」といった短い言葉でまとめています。

　マニュアルの精度を確認するには、<u>**新入社員がやってできるかどうかを基準とする**</u>といいと思います。「今日から3日間このマニュアル通りに仕事をして、できるようにしてください」と指示して、どこまでできるかをチェックしましょう。
　できるようにならない場合は、指示が具体的ではなかったり、状況・教える人によって内容が変わったりしている可能性があります。「マニュアル通りにやって」と言うのではなく、「どこができていないか」「なぜ、できていないのか」という視点で内容を調整しましょう。ムダな動きやムダな時間が生まれる場合は、より精度を高めて調整しなくてはいけません。

図8 全員が機能するマニュアルの作り方

① やってほしい行動を具体的にする

BAD「自分のデスクのまわりはキレイにしましょう」

▶ キレイの基準は、人によって異なる。曖昧な解釈になる言葉は適切ではない

GOOD「自分の机には、自分の目の高さより上にモノを置かない」

▶ 具体的かつ明快なメッセージ、指示により、全員がわかる。全員が可否の判断をしやすくする。30cm以上などと数字を活用しても良い

② 短くして、適切な順番に並べかえる

料理のレシピでも手順が違えば「料理（結果）」が異なる。その順番についても十分に検討を重ねる

BAD 上司への報告は随時、的確かつ明確に報告をおこなうこと

GOOD 以下の順序で上司へ報告をおこなうこと
① 大きな問題になる前に早めに報告する
② 今、報告のために、時間を〇分ほしいことを確認する
③ 以下の順序で〇分で報告する
案件内容、前回までの結論、今回の結論、その理由、今後の展望

③ 人格・品格像などは統一する

BAD 素直で正直な人であれ

▶ ワンワードでも、その本意を理解しにくい場合は不適切

GOOD ミスもあると思いますが、嘘のないように。そして同じミスをしないように。

▶ 絶対にあってはならないことを明確に示している

メンバーの知識や知恵を
見えるかたちにする

　会社では、メンバー1人ひとりがさまざまな経験をして、知識や知恵として持っているものがあります。それらを、会社全体で共有し、情報として残していくと、やがてこれが**会社の付加価値（ナレッジ）**になります。

　会社内で知識や知恵が蓄積されると、実務での効果が目に見えてきます。たとえば、お客様からのクレームやその対処法を共有しておけば、他の社員が同じような状況になった場合にスムーズに対処できます。問題解決スピードが上がると、それがプロジェクトの期間短縮やコスト削減にも直結します。

　ディズニーでは、他のキャストに経験をシェアし、ナレッジ化していくのも、リーダーの大切な仕事の1つとなっています。

ナレッジ化の4つのポイント

　ナレッジ化をするためには、各部署のリーダーが**社内の成功体験や失敗体験、賛辞やクレームをヒアリングし、エピソー**

図9　自社のナレッジを見つける手順

① 経験を「賛辞」「クレーム」などの種別に分ける

例

県内の高等学校から会社（航空会社）宛てに機内メッセージに感謝する内容の手紙を受け取ったので、「賛辞」に分類し、共有、保存した。

② 経験の背景（5W2H）を明確にする

例

夏の選抜高校野球大会本戦に向かう高校球児を乗せた機内で、機長が子どもたちに向けて機内メッセージを放送した。そのメッセージは、その子どもたちや監督、関係者に向けたオリジナルのものだった。

> 「高校球児のみなさん、今、あなたたちが座っているそのシートは、特別なシートです。そこに座りたかったけれど、あなたたちと地方大会で正々堂々と闘って、敗れた同じ県内の球児たちの想いも胸に、また、野球を心底愛する全国の球児たちと真正面から向き合って、晴れ晴れと闘ってきてください。私たちスタッフ一同、この晴れ晴れとした雲の上から、みなさんの健闘を応援しています」

③ 気づきを見つける

例

他の乗客も同乗していたものの、機長は一部の乗客に向けてメッセージを送った。結果的には、機内はとても応援ムードで盛り上がり、活気に満ち、一部の乗客から拍手や「がんばれ」という黄色い声も聞こえた。

④ 評価する視点・基準を見つける

例

乗客の一部に向けたメッセージでありながらも、高校野球やスポーツに関心のない乗客であっても、「共感」と「夢」など誰もが感動するメッセージの内容、伝え方だったので、とても効果があったと思えた。機長個人の想いでありながらも、機内の誰もが共感できる、機長の機転が利いた内容、伝え方は参考になった。

ドとして残しておくといいと思います。それぞれのエピソードは、次の4つのポイントをもとに500字程度にまとめておきます。

ナレッジ化の4つのポイント

❶ 経験を「賛辞」「クレーム」などの種別に分ける
❷ 経験の背景（5W2H）を明確にする
❸ 気づきを見つける
❹ 評価する視点・基準を見つける

　まず、経験したことをいくつかの種別に分けます。どんな経験も、総合的に見ると会社を発展させる良い経験です。ここでは、良い・悪いではなく、**賛辞・クレーム**などに分類します。

　2つめは、その現場に居合わせなかった人でも事象をイメージできるように、**いつ・どこで・だれが・どのように・いくらで起きたかなどを明確にしておきます。**

　そして3つめは、その経験の**結果**です。この出来事が起きたことで、私たちにどのような気づきがもたらされたかを記録します。ポイントは、**必ず人の発言（メッセージ）を入れて残しておくこと**です。これを入れることによって、エピソードを話したときに臨場感や現場感が生まれます。

　4つめは、ミッションやゴールにつながるポイントを客観的に評価します。たとえば、そのシーンで**特に優れていたポ**

<u>イント</u>や<u>工夫</u>などです。また、**社会一般的なレベルと比較し、どこが、どのように価値があるのか**を言語化します。気をつけなくてはならない点も追記しておくと、有益なナレッジになります。

　1つひとつのエピソードは、同じようなことが起きたときにメンバーにすぐに説明できるように、わかりやすくしておきましょう。**オンラインのストレージや共有スペースなどに保管して、誰でもすぐ見られる状態にしておく**といいと思います。

　定期的にナレッジ化の作業をするようになると、会社全体にそうした文化が根づいていきます。研修のときにおこなうのでもいいですし、大きめの会議のときでもいいでしょう。ナレッジを少しずつ増やし、社内研修でフィードバックしていけば、実務に直結する**自社オリジナルの教育内容**になります。

∨

短い言葉で
行動基準を作る

　仕事で判断に迷うようなイレギュラーな状況に遭遇したとき、**会社に行動基準があると、わざわざ上司の指示をあおがなくても、すぐ行動できるようになります**。行動基準があれば、メンバーが優先すべきことを自分で判断できるので、仕事のスピードも上がります。

　ディズニーの行動基準は、第1章でもお伝えした通り、「安全性・ていねいさ・多様性・SHOW・効率」の5つです。

　テーマパークキャストの行動基準は、1955年にアメリカ・カリフォルニア州でディズニーランドがオープンした当時から定められていました。

　当初は4つの行動基準があり、その頭文字を取って「SCCC」と定められていました。Safety（安全性）・Courtesy（ていねいさ）・Cleanliness（清潔感）・Capacity（収容能力）です。

　これが1960年代にアップデートされて、Safety（安全性）・Courtesy（ていねいさ）・Show（見た目）・Efficiency（効率）

| 図10 | 行動基準を作る手順 |

行動基準はリーダーのためではなく、最前線で仕事をするメンバーのために定めるもの。

① メンバーが判断に困ったとき、大切にしてほしい「視点・ポイント」を洗い出す

・心配り、心遣い、サービス

・利益

・スピード、時間、効率

・助け合い、協力

② ①の中から、リーダーが「優先順位」を決める

(1) スピード、時間、効率

(2) 心配り、心遣い、思いやり

(3) 助け合い、協力

(4) 利益

※最終的には、トップと話して決定する

③ ②を短くするなど、メンバーが覚えやすい工夫をする

(1) Speed

(2) Mindful

(3) Assistance

(4) Profits

▶ 「SMAP」

の４つ、「SCSE」になりました（ディズニーの行動基準は、アメリカだけでなく、世界のディズニーのテーマパークで共通です）。

さらに、2021年には、この４つに「Inclusion（多様性）」が加わって「SCISE」となり、現在の行動基準「The Five Keys（5つの鍵）」となりました。

ディズニーの歴史の中でも、安全性は常に最優先事項、ていねいさは２番目の優先事項です。

一方で、時代背景や社会状況に合わせて、適切にアップデートもされています。最近加わった「Inclusion（多様性：さまざまな考え方の多様な人たちを受け入れること）」は、まさに現代に求められる内容でしょう。

覚えやすい言葉にしてこそ行動できる

そもそも行動基準は、メンバーに主体性を求め、行動するときの判断基準を定義したものです。トップを含めた全員が共有、自覚をしていなければなりません。そのため、作るときも、**トップが先頭に立ち、想いや理想像だけではなく、現場、現実に即したものを策定しなくてはなりません。**

また、行動基準はとっさの行動を決める条件なので、**短く、忘れにくい言葉**でなければなりません。数が少ないほど覚えやすいので、3〜5程度にしておくのがいいと思います。

　行動基準は、**自社の企業価値、社会に提供するものという企業の根本的なこととも深く関係します**。理想あるいは模範とすべき人材像（ペルソナ）を設定し、「この人だったら、常に自社の企業価値を体現できるようにどう行動するか？」という仮説から、行動基準を決めていく方法もあります。

　行動基準は全社で統一して認識しておかなければならないので、**トップに創業ストーリーを確認するとき（50ページ）に、必ず一緒に確認し、同意を得ておきましょう**。トップのOKが出て、自社のすべてのメンバーに徹底させて初めて意味が生まれます。

\ POINT/

　行動基準は、企業理念やミッションのように理想の世界を概念化したものではないので、時代性や経営状況などに左右されるものです。状況に合わせて、変更、追記をおこなう必要があります。

　ディズニーランドが開業して間もない頃のアメリカには、「遊園地＝汚い場所」という暗いイメージがあり、それを払拭するために、ディズニーではあえて「清潔感」という視点を行動基準に盛り込みました。クリーンな場を作るためにメンバー全員が心がけ、重点課題として行動したのです。数年後には、行動基準から外されました。

社内制度や教育内容を
アップデートし続ける

　ここまで、人材育成の土台の準備についてご紹介しました。しかし、これらも一度作ってしまえば終わりではありません。特に、マニュアル、行動基準、そして教育内容は、時代によって調整していく必要があります。内容をアップデートし続けていると、変化に強い人材が育ち、会社そのものが変化に強くなります。

　ディズニーでは、仕事も教育も「永続的におこなうもの」と考えています。永続的とは、「同じことを繰り返し教える」という意味ではなく、その時代や会社の状況によって必要なことを考え、**知識をアップデートし続けていくこと**。だからこそ、会社が次のレベルへと、少しずつ引き上げられていくのです。

障がい者割引を導入してこなかった理由

　ディズニーリゾートでは、2020年4月に「障がい者割引適用」チケットが導入されました。今ごろ導入？のように感

じるかもしれませんが、ディズニーでは「ノーマライゼーション」という考え方のもとで、「障がい者割引はおこなわない」スタンスでした。

「ノーマライゼーション」とは、「障がいのある・なしや年齢、社会的マイノリティであるかどうかにかかわらず、どんな人も分け隔てなく普通に共存できる社会が正常な状態である」という考え方です。その根底には、「障がい者を優遇すること自体が分け隔てにあたる」という思いがありました。

これまでもハンディキャップのある方たちにも十分に楽しんでいただける工夫をしながら、意思を持って、障がい者割引をおこなっていなかったのです。

制度を導入する・しないを検討するのはもちろん大切ですが、もっと大切なのは、**自社にある考え方が今の社会状況に照らし合わせて正しいのか、何が正常で、何が普通なのかを、常に問い続けること**です。そのうえで、事業の運営方法から人材育成の内容まで、見直していかなければならないのです。

まずは教育内容のアップデートから

社内のアップデートにあたり、一番大切なのは教育内容のアップデートです。特に、社員研修や勉強会ではメンバーの反応がダイレクトに返ってきます。

研修や勉強会の内容を考えるにあたり、まずはこれまで実

施した内容について、一度ふりかえってみるといいでしょう。

　教えた内容の伝わり具合は、研修や勉強会の最中、教えた直後のメンバーの反応で判断できます。内容がしっかり伝わっているときは、メンバーから次のような反応があります。

> **内容が伝わっているときの反応**
>
> ● 話を聞く間、メモを取るなど積極的である
>
> ● 話を聞いた後に個人的に質問しに来る
>
> ● 話を聞く間、目線が定まっているなど緊張感がある
>
> ● 協力的な態度で課題に取り組む

　課題に協力的かどうかは、「まわりの人とグループを作り、話し合ってください（グループワークの指示）」や、「自分で考えたことを10個書き出してください（個人ワークの指示）」と言ったときに、すぐに動くか、積極的に動くかどうかで判断します。**積極的な態度なら、社員の役に立つ内容になっています**。

　また、メンバーの反応を確かめるため、リーダーや運営側から声をかけるのも有効です。全員に問いかけるより、その場で誰か1人に対して問いかけて発言をさせるようにすると、話の内容がどれくらい腑に落ちているのかすぐにわかります。

　一方で、内容が役に立っていないときは、次の反応があります。

図11 教育内容のチェックシート

① 内容、キーワードなどのチェック（アップデートする）
　□ 削除する箇所はないか？
　□ 追記する箇所はないか？
　□ 修正する箇所はないか？
　□ その他

② 順番のチェック（記憶に残りやすくする）
　□ 全体構成のチェック
　□ 部分構成のチェック
　□ リピートの必要性のチェック
　□ その他

③ 手法のチェック（記憶に残りやすくする）
　□ 画像、動画などメカニカルな手法の採用
　□ 講義、グループワーク、個別作業などの手法の検証
　□ 作業、発表、ゲーム形式などの手法の検証
　□ その他

改善例

● **眠そうにしている**
　▶ プログラムの時間帯を変更する、ゲーム形式にする
● **グループワークに無関心で雑談をしている**
　▶ メンバーを再編成、変更する。発表形式にして、注目させる
● **若手メンバーから発言が少ない**
　▶ 若手も興味を持ち、共感できる内容に変更する。作業形式に変えたあと、その結果によっては発表形式に変更する
● **実務に活かされている感じがしない**
　▶ 総括、まとめの内容を修正し、実務に即した言葉、内容に置き換え、部分的に回数を増やして、リピートする。実務に即した場面を想定し、発表形式に内容を変える

❶ トレーナーの話に、やみくもにうなずいている
❷ 話を聞いている間、愛想をふりまくようにニコニコ
  している

　このように実は話を聞いているだけで、まったく理解して
いない場合がよくあります。

　私の経験では、ニコニコとあたりさわりのない態度で話を
聞いていた人より、むしろブスッとして話を聞いていた人の
ほうが、後で個人的な質問に来てくれたり、後日研修の感想
を手紙で伝えてくれたり積極的な場合がありました。目立ち
たくない、大勢の前で質問するのは恥ずかしいという場合も
多いので、質問がないことを気にする必要はありません。

　参加者の反応に気を配る他、**説明の仕方**、**資料で使う画像
やツール**、**開催時間帯**などを見直すのもいいでしょう。

　昼食をとって満腹になった直後の研修は、メンバーが眠気
と戦いながら受けることになります。昼食後は集中力を要す
るプログラムを避けて、おだやかなペースで取り組めるプロ
グラムを持ってくるといった組み換えをするのもいいですね。

　69ページのチェックシートを使って、メンバーの反応か
ら研修や勉強会、指導内容のふりかえりをおこない、アップ
デートを続けてもらえればと思います。

第 **3** 章
MISSION

1人ひとりが動く

しくみを作る

5つのステップで
定着させる

　現代の人手不足の職場では、新しいメンバーを早く現場に適応させ、生産性を維持することが企業の課題の1つになっています。こうした状況では、マニュアルが重要な役割を果たします。マニュアルがあるだけで、誰が仕事をしても、仕事の質を一定に保つことができるからです。ここでは、職場のマニュアルをもとに、メンバーがミスなく仕事（特に量的仕事）ができるようにしていく方法を解説します（マニュアルの作り方は、55ページで紹介しています）。

ステップ1 「一連の行動」を教える

　まず、業務の全体像と**仕事の手順**（流れ）を理解させることが重要です。ここでは、実際におこなう一連の行動の流れをメンバーに教えますが、1つひとつの細かい意味を理解してもらう必要はなく、マニュアルをもとに、自分がやらなくてはならない行動が大まかに理解できるくらいで問題ありません。

図12　マニュアルから5ステップに落とし込む

クレーム対応について教える場合

① 「一連の行動」を教える

> **例** 「クレーム対応では、まずは『場』を変え、『感情』を変え、「行動」を変えていきます。具体的には、1〜6の手順で対応していきます（マニュアルをもとに順番を教える）」

② 仕事の目的を1つひとつ教える

行為を定義し、作業1つひとつの意味をていねいに説明する。

> **例** 「クレームは、苦情や謝罪、金銭を求めるものなどさまざまですが、客観的にとらえると、自社の改善や成長・発展につながるものです。まずはお礼を伝え、ゲストに感謝の気持ちを持って向き合うことが重要です。論破し、損害を減らすことが目的ではありません。コミュニケーションを重ね、双方の基本的な姿勢の理解と協力が必要になります」

③ エピソードを1つひとつ伝える

失敗事例ではなく、成功事例を詳細に話す。

> **例** 「以前にこんなことがありました。それは…」

④ 「一連の行動」を反復させる

「順番」に注視して、現場でロールプレイング（役割分担）しながら、間違えずにできるまで反復させる。

⑤ チェックリストで振り返る

> **例**
> □ 「クレーム」とは、どのようなことをいいますか？
> □ 「クレーム」で、まず心がけておかなくてはならないことは何ですか？
> □ 大きなクレームになった場合、まず、何から「変え」ますか？
> □ その次に、何をおこないますか？　　　　　　　　　　　　　　など

ステップ2 **仕事の目的を1つひとつ教える**

次に、マニュアルに記載されている**行動の意味・理由**（なぜそれを、その順番でするのかなど）を説明します。

行動そのものを覚えてもらうだけでは、時間がたつにつれて順番が変わっていくことがあり、最終的に求める結果につながらない場合もあります。業務の目的を理解すると、担当業務が会社のミッションにつながっていることも理解できます。

たとえば、ディズニーのクレーム対応では、問題を収束させるだけではなく、「さらなるファンを作ること」が真の目的です。ファンを作るという目的を伝えれば、クレーム対応の仕事をポジティブな結果につなげるよう意識できるようになります。

ステップ3 **エピソードを1つひとつ伝える**

次に、ステップ2の目的につながる、**これまでに実際に経験したエピソード**を伝えます。エピソードは、いくつか準備しておくとよいでしょう。あらかじめいくつか選定しておくのもよいと思います。大切なのは、その行動1つひとつの意図が理解できる**臨場感のあるエピソードを用意すること**です。

エピソードを伝えるときは、それを象徴する画像などを見せると、さらに記憶に深く刻まれます。私の場合は、「真のサービス」のように抽象的なテーマについて研修で伝えると

図13 エピソードの例

　以前、当社でこんな出来事がありました。当社は営業部を中心に、さまざまなプログラムを開発し提供しています。あるとき、営業部のキャストが企業のお客様に、ディズニーのテーマパークで初めての試みとなる特別プログラムを提案しました。このプログラムでは、トゥモローランドを一定時間、貸切にし、お客様の企業で福利厚生のイベントなどに使えるようにするものでした。これは他の来園者が立ち入ることのできない、オリジナルのプログラムです。提案を受けた企業の担当者は、この新しいプログラムを非常に気に入り、結果として購入してくださいました。しかし、契約の際に担当者からは、ディズニーファンとしての複雑な思いを含めた次の一言をもらいました。

「初めてのプログラムとのことで、とてもうれしく思います。でもディズニーファンとしては、本来ウォルト・ディズニーが夢見たテーマパークは5つのテーマランドがあるからこそ1つの物語が成り立ち、ディズニーランドとしてあるのだと思っています。その一部を切り売りされているようで、ファンとしては正直複雑な思いです」とのことでした。

　スタッフはこのコメントを会社に持ち帰り、共有しました。ディズニーパークを心から愛してくださるお客様がいることを改めて感じ、これを機に、さらに精進することをスタッフ一同で誓い合いました。

▼

このあとにリーダーのまとめの言葉を入れる

　クレームがすべて苦情とは限りません。苦情の背景に期待があるからこそ、話してくださるのです。クレームは、ゲストが「あってほしい現実」と、現場の「実際の状況」との間にギャップを感じているから生じます。このギャップを、双方のコミュニケーションを通じて正確にとらえ、解釈し直し、理解することが重要ですね。

き、75ページの図のようなエピソードを話し、画像を見せています。

ステップ4 「一連の行動」を反復させる

その後は、ステップ1で教えた「一連の行動」が完璧にできるようになるまで、1つひとつ**ひたすら反復実践練習をさせていきます**。どんな難しいことも、しっかりとしたマニュアルのもと繰り返していけば、必ずできるようになります。

ステップ5 チェックリストで振り返る

最後に、チェックリストを使って一連の行動や対応の成果を確認し、**次につなげるためのアクションを見つけます**。大切なのは、「**内容（やるべきこと）×順番**」です。穴埋め式のチェックリストで、それぞれの重要なポイント（言葉・回数・場所など）をチェックし、考えずにできるようになるまで確認していくといいでしょう。これにより、漏れに気づき、それをふたたび業務に落とし込むことで、確実にこなせるようになります。

この5つのステップで最も大切なのは、やはり**どのような状況でも業務の目的であるゴールを見失わないこと**です。シンプルな作業ですが、これを繰り返すことで、基礎となる量的仕事はできるようになり、すべてのメンバーが当たり前に動ける集団となっていきます。

しくみ8 経験の浅いメンバーに目標を持たせたい

仕事のレベルを
段階的に上げ、
成功体験を積ませる

　経験の浅いメンバーが一番抱えているのは、「うまくやっていけるかな」といった不安です。やる気はむしろ先輩よりあって「役に立たなきゃ！」と焦る気持ちが強いと思います。まずは**不安を与えないような教え方**をする必要があるでしょう。72ページの教え方は、メンバー全員が必ずできなくてはならない、いわばルーティンを定着させる目的であるのに対し、ここで紹介するのは、そこからさらに上のレベルに成長させるための教え方です。

ポイント1 「やることがわからない」をなくす

　経験が浅かったり、成功体験が少なかったりするメンバーを指導するには、**「何をするべきなのかがわからない」という不安を払拭すること**が大切です。そのためには、これからの工程の概要を、必ず事前に説明することが大切です。

「できた」という実感や体験を積ませる

　また、少しでも「できた」という、**達成感や成功体験を積ませる**ことも大切です。ほんのわずかなことでもいいので、「できた！」と自覚できるような達成感を味わわせてください。たとえば、今まで1時間かけていた仕事を30分で完成できるようにする、2人でやっていた仕事を1人でできるようにするなどです。どんな小さな成功体験や達成感でも、その後の自信とエネルギーになります。

少しずつレベルを上げてポジション・職位・肩書きを与える

　慣れてきたら少しずつ仕事のハードルを上げ、**できることを増やしていきます。**

　ディズニーでは、仕事のスキルレベルを4段階に分類し、それぞれの段階に応じたポジションを設定しています。メンバーがスキルアップする過程が明確になり、わかりやすい目標ができるのでメンバーはさらに動いてくれるようになります。

4段階のスキルレベル

ステップ1：誰でもできる量的仕事をこなせる状態

ステップ2：ステップ1を超え、少し高い目標を達成できる状態

ステップ3：自部署やチームの仕事をほぼ1人でできる状態（早期のポジションアップを目指す）

ステップ4：自部署やチームの仕事を新人に教えられる
状態

ステップ3に到達したメンバーには、特定のポジションを与えます。ディズニーでは「スーパーバイザー」という称号がその一例です。他にも「シニア」「アドバンス」「マスター」、「リーダー」「キャプテン」「チーフ」「ヘッド」など、多彩な名称が存在します。

外資系企業では「フォアマン」「リード」といった呼称も見られますし、レッドやグリーンなどの色を用いて職位の区分けをする方法もあります。職位が上がるごとに異なる色のバッジにすると、職位の違いを視覚的に示すことができます。

ユニークな方法として、職位を**キャラクター名**で表現するケースもあります。たとえば、ディズニーでは一段階上のサービスをおこなった人に「ジミニー」というピンバッジを付与することがあります。これは、ピノキオの映画に登場するジミニー・クリケットから取られており、「正しい方向へ導く役割」という意味が込められています。

企業独自の商品名やキャラクター名を職位の名称にすると、メンバーどうしが親近感を持てるようになると同時に、**自分の仕事に誇りを持って働けるようになります**。自社でオリジナルのポジションを作るのもいいでしょう。

動いた人が賞賛を
受けるしくみを作る

あなたの職場には、メンバーが積極的に行動したときに喜びを感じられる機会がありますか？　それとも、特に何もなく、積極的に動いても、給与や評価も同じですか？　この問いかけは、職場の文化がわかる指標です。

ディズニーは、その映画からもわかるように、**性善説**（人間は本質的に善である）を前提に作られており、マネジメントも性善説にもとづいておこなっています。キャストが**積極的、主体的に動くと、みんなから賞賛を受ける場があり、これが職場の活気につながっている**のです。

自ら積極的に動いてまわりから称えてもらえる瞬間は、働きがいにつながります。このようなポジティブなフィードバックは、社内に喜びを感じられる文化を作っていきます。

ディズニーランドでは、キャストのネームタグには時々、特別なピンズが付けられていることがあります。これらは「アワードピン」として知られ、他キャストからの称賛を表すものです。

　ディズニーでは年に数回、キャスト同士が投票を行い、特に優れた仲間を称え合います。受賞者には、金色や銀色など、異なる色で表されるアワードピンが授与されます。色の違いは、賞賛の度合いを示しています。

　この制度は、上司だけでなくキャスト同士の投票によって決まるため、公平なものです。アワードピンを受け取ることは、ディズニーのキャストにとって大きな誇りであり、より一層胸を張って仕事に臨むことができるようになるのです。

バランスをとるマネジメントが重要

　性悪説（人間の本性は悪であるとする考え）にもとづくマネジメントは、事故や、私欲による感情行動を防ぐために使う場合があります。命やお金に関わるような高リスクの業務では、性善説によるアプローチでは大きな問題に発展することもあるからです。しかし、性悪説によるマネジメントは長期的な視点では会社の発展につながりません。

　リーダーは、**業務の種類、内容、状況、部署に応じて、メンバーの主体的な動きをうながしたい業務では性善説を用いる一方、高リスクの業務ではリスクを減らす管理をおこなって、バランスをとる**といいでしょう。

成長に合わせて 褒め方を変える

　世間では、「仕事は生活を支える手段であり、求められたことをこなし、給料に見合った労働をするだけでよい」という考え方で働いている人も多いといわれます。しかし、このような考えで働く人が多い職場では、メンバー間の信頼関係が築かれにくく、最終的には組織の衰退につながります。

　自分の行動が**他人を幸せにしている実感があり、仕事が楽しいと感じていれば、人は自然と積極的に、主体的に動くようになります**。組織としては、メンバーが「他人の役に立っている」と感じる瞬間を作ることが重要なのです。

「どこ」を褒めるかで印象は変わる

　仕事に対する意識を変えるポイントは賞賛にあります。多くの人が仕事にやりがいを感じる瞬間は、他人からの賞賛を受けたときです。褒められることは、**自分が自覚していないことに価値を与えられ、自分の行動に意味や目的を持つこと**につながります。褒め方にはいくつか方法があります。

1　相手のしたこと自体を直接褒める

　簡単な仕事、小さな仕事、部下やメンバーが主体的にした作業など、**メンバーが何かできたとき**、「できたこと」自体を褒めます。最もシンプルな方法です。

2　周囲への好影響・高効果を褒める

　部下やメンバーの働きぶりによって、**お客様、上司、先輩、他の部署の人など、誰か他の人が喜んでくれたとき**は、「田中さんが喜んでたよ」「鈴木さんが褒めてたよ」と伝えて、まわりへの好影響・高効果を褒めます。

3　双方が喜べる関係の構築を褒める

　これは2をさらに発展させた褒め方です。メンバーが、**自社や自分の部署とともに、他社や他部署、相手も喜べる状況を作れたとき**、それを褒めます。

　仕事では、自分や相手のどちらかが引かなくてはならないような状況に直面します。しかし、成長していくためには、どちらかが一方的に負担をしいられる状況ではなく、それぞれに喜ばしい状況を作り、満足して前進させることが重要です。つまり、「折り合いをつける」ということです。

　この「折り合い」は単なる妥協ではなく、**互いが喜ばしい関係性を築くこと**を意味します。ディズニーでは、このようなお互いに喜びのある関係を「Happy-Happyな関係性」と言い、これを大切にすることで、仕事場全体を喜びに満ちた

ものにしているのです。（くわしくは142ページ参照）。

　ここで紹介した3つの褒め方は、人が成長する過程にも関係します。「自分ができたこと」を喜べるようになると、「他人が喜んでくれたこと」を自身のものとして喜べるようになります。最終的には「双方が喜べる関係性を築けたこと」に喜びが広がっていきます。1つの場面でポジティブな気づきが得られれば、仕事のいろいろな局面で良い循環が生まれ、成功体験を次々と増やしていくことができます。

　仕事の楽しさ、おもしろさをどこで感じるのかは、本人の成長レベルによっても変わります。褒め言葉は、その人に期待をしている気持ちを伝えるためのものですが、**レベルに合わせた伝え方をしなければ相手に届きません**。リーダーはメンバーの仕事を日ごろから観察するとともに、成長にともない褒めるポイントを変えていくということを、心がけるといいと思います。

図14 営業担当者を褒める場合

① 新人が初めて受注を1件取れた

「良かったね！初受注おめでとう」

この場合は、素直にうれしいと感じると思います。さらに加えるのであれば、仕事の進め方で良かった部分、受注まで至った理由などを、具体的に言葉で伝えるとより良くなります。しかし、ベテランメンバーには、こうしたアプローチは向きません。「たくさん受注しても、給料が大きく変わるわけじゃないし」と思っていることもあるので、相手にとってうれしい次元、状態をイメージして褒めてください。

② お客様からメンバーの良い評判を聞いた

「この間、あなたが契約してくれた会社の上司の田中さんと電話で話したら、あなたのことを"真面目で、特に口が堅くて、信用できるところが良いな"と褒めてくれていたよ」

これは、ある程度経験を積んでいるメンバーへの褒め方です。「営業マンの鉄則」で最低条件でもある「信用」を評価された状況です。単なる出来事や事象でなく、日々の積み重ねや人間性について触れることで、より深みのある褒め言葉になります。

③ メンバーの企画書の内容とその結果が喜ばしかった

「あのA社の田中さんが、あなたの企画書で社内プレゼンが問題なく通過し、承認されたそうだ。とてもていねいでわかりやすく、かつ的を射た内容の企画書だったため助かったと、感謝の電話をいただいたよ。田中さんも仕事がうまくいっており、私たちも受注ができるようになって本当にうれしいよ」

この状態になれば、仕事が楽しくなっており、「どんどん挑戦したい」という気持ちになっています。その気持ちをさらにパフォーマンスにつなげられるように、サポートの仕方も変えていきましょう。

クロスコミュニケーションで共感を作る

　ディズニーでおこなわれている、キャストが働きがいを感じられる研修の1つに**クロスコミュニケーション**と呼ばれるプログラムがあります。このプログラムは、メンバーに3つの効果をもたらします。

1　仕事の具体的なテクニックがわかる

　参加者1人ひとりが仕事のエピソードを話すので、実際の仕事の現場や仕事で実際に起きたこと、仕事のやり方などがわかります。仕事で大事なこと、良い仕事をするための**スキル**や**テクニック**などを習得することができます。

2　メンターが見つかる

　他部署の人というのは、知っているようで、あまりよく知りません。話しぶりや外見だけで評価してしまいます。しかし、その人の体験した実際の話を聞くと、その人の人間的な本質の部分が見えてきます。うまくその人とフィットした場合は、その人を**メンター**（目標とする人・理想の人物像）として

とらえ、憧れの対象として仕事に励むようになります。

3　全社の連帯感が強くなる

　参加者の話すエピソードは、最近起こったポジティブな出来事やポジティブに感じたことが多いので、聞いているほうは「私も前向きにならなきゃ」という気持ちになります。他部署の人のがんばりに影響されて**「自分たちのチームも活性化しなきゃいけない」「全社でがんばろう」といった連帯感**が生まれます。

クロスコミュニケーションのやり方

　クロスコミュニケーションでは、社内の年齢、性別、国籍、社歴、部署などが異なる属性の人を集めて、テーマ・題目にそって1人ずつ自分の話を発表させていきます。1グループ5〜7人で輪になって座り、リーダーや研修担当者が進行役を務め、話すテーマ・題目を決めます。**テーマは必ず前向きなものにするのがポイント**です。

　たとえば、「**最近仕事を通じて一番うれしかったこと**」「**最近職場で思わずホッコリしたエピソード**」「**最近仕事を通じて自分が成長したと感じた場面**」などがおすすめです。「つらかったこと」「悲しかったこと」などのネガティブなテーマは好ましくありません。

聞いているメンバーも「そうそう」「わかるわかる」と自然と共感するテーマを設定してください。ここで、**「みんな同じ」「私たちは1つ」と感じさせること**が大事です。

1つのテーマの時間のめやすは1時間です。さらに進行役は「『うれしい』とはどういうことでしょうか?」「『うれしい』と『楽しい』とはどう違うのでしょうか?」といった、さらに深掘りした**普遍性のあるテーマ**を出して、話し合いをうながします（ここでもポジティブな内容が原則です）。

時間になったら、進行役は「グループの代表者が、今までのみなさんの話をまとめてください」と指示を出します。「うれしいとはどういうことか」というテーマだった場合は、グループの代表者に「みんなの話をまとめると、『自分1人ではなく、他人がいないとうれしさは感じられない』という結論になりました」のように発表させたり、他チームの考えを聞かせたりするのもいいでしょう。

話がネガティブな方向に進んだときの対処法

このプログラムの目的は、**答えを出したり、結論・結果を出すことではなく、みんなが共感し、実感して終わること**。ディズニーでは、アルバイトの若い人からトップまで参加していたので、「みんな、同じ人間なんだな」という共感につ

図15 クロスコミュニケーションの会話例

例1 仕事で、最近うれしかったことについて話すとき

お客様との最終契約を締結するときに、「この仕事はお前がやってきたんだから、最終契約書にはお前とお客様の名前でサインをしなさい」と言われた瞬間、とてもうれしい気持ちになりました。先輩から学んだ通りにしてきただけなのに、大切で、記録にも残る契約書のサイン、責任者という立場を自分に託してくれたことに、深い感謝とともに大きな達成感を感じました。

例2 仕事で、最近感動したことについて話すとき

たまたま早朝に出社したとき、オフィスで仕事に励む1人の先輩の姿を目にしました。先輩はその準備のために会社に早く来て資料を熟読し、背景や経緯をまとめていました。先輩の資料を見ると、赤や青のマーカーで重要な部分が強調され、いつ上司からの説明を求められてもすぐに正確な応えができるようにと、準備が整っていました。先輩の細やかな、先を読んだ仕事ぶりに、本当に感動しました。それに対して、自分の軽さ、浅はかさにとても情けなく感じました。次回からは、先を読んで、仕事に臨みたいと思います。

例3 仕事で、最近連帯感を感じたことについて話すとき

かつて私が営業職で、とにかく営業の仕事だけやっていればいいと思ってやっていた頃の話です。それが思い上がりであったことに気づいたことがありました。ある時、製品に不備があり、自社工場に行くことになりました。その工場で働く人たちに細かいことを報告して、話し合いながら、"わが社"として作業をしたんです。そのときに、私は「売ればいい」「営業だけでいい」なんて言って、会社のプロセスの一部しか担っていなかったことを実感したんです。1つひとつの作業がきちんと完成して、初めて製品として売ることができることに感謝し、全社的な連帯感を持って働くことが自分の仕事の責任感、そして連帯感につながると認識しました。

ながり、一体感の醸成には最適なプログラムでした。

「思いつかない」「うれしかったことなんかない」といった
声が上がり、みんなが話しにくそうな場合は、進行役が「ど
んな小さなことでもいいですよ」と、話をうながす場合もあ
ります。

グループの中にネガティブな考え方の人が数人いて、会社
への不満を吐露する状態になる場合もあるかもしれません。

こういうときは、**進行役がすぐにストップをかけ、場を仕
切り直すこと**が大切です。「先ほど、こちらのチームでは＊
＊＊＊というとてもすてきな話が出ましたね」とポジティブ
な話題に戻し、進行役のポジティブな事例を話して前向きな
雰囲気に変えたあと、ふたたびメンバーに話してもらいます。

時間が長くなると飽きてくる人もいますが、このプログラ
ムでは**全員がエピソードを語ることが大切です**。1時間前後
でみんなが話し終えるように調整しましょう。

このプログラムを経験すると、「自分の会社は間違ってい
ない」という安心感や、「ここで働くのはすばらしい」とい
うやりがいや連帯感を得られます。自分や自部署が「まわり
から期待されていない」「地味なセクションだ」という疎外
感に近い感覚を覚えているメンバーには効果があります。

しくみ12 「会社で役に立っている」と思わせたい

まわりから感謝される しくみを作る

　私がディズニーに入ったばかりの頃、3つのGIVEというルール（義務）のようなものを教わりました。「配属先が人事部でも、総務部でも、経営企画部でも、パーク内の現場でも、どこであっても、この3つは守りなさい」と言われたものです。それから10年後にフロリダのディズニーで仕事をしたときに、ウォルト・ディズニーと一緒に仕事をしたベテラン社員から「この3つのGIVEは、ウォルト・ディズニー本人が『働きがい』を生み出すために立てた戦術なんだよ」と教えられました。

3つのGIVE

- **Give your a step for picking up trash ahead.**
  （目の前のゴミを拾うために、あなたの一歩をください）

- **Give your one finger for taking pictures.**
  （写真を撮るために、あなたの指を1本ください）

- **Give your a call for your happiness.**
  （あなたの幸せのためにも、一声かけてください）

行動心理学では、人間はまわりから「ありがとう」と言われると、自己有用感（自分が人の役に立ったことを実感できて、幸せな気持ちになること）を一番強く認識するといわれています。

ウォルト・ディズニーは、キャストがゴミを拾ったり、写真を撮ったり、「何かお探しですか？」と一声かけて案内をしたとき、**お客様から「ありがとう」と言われるしくみ**を作りましたが、それはキャストが「人の役に立っていて幸せだ」と感じられるようにするためだったのです。

ミスの報告にも「ありがとう」

感謝の言葉が生まれるしくみを作るのも大切ですが、それよりも大切なのは、**リーダーがふだんからメンバーに「ありがとう」と言うこと**です。

仕事をしていると、チームメンバーの仕事の欠点が目について、厳しく指摘してしまいがちです。しかし、リーダーは指摘をする以上に、**小さなことでも、メンバーがやってくれたことには感謝を伝えていく**のです。どんなに職位が上がっても、感謝の言葉を伝え続けることがメンバーの働きがいにつながります。

メンバーがミスの報告をした場合でも、まずは「報告してくれてありがとう」「本当のことを言ってくれてありがとう」と言いましょう。ため息をついたり、話を聞く前に相手を否定するのではなく、感謝の言葉を伝えてから指導しましょう。

　感謝の言葉以外にも、「<u>いいですね</u>」「<u>すばらしいですね</u>」**など、相手を褒める言葉、うれしい気持ちになる言葉を日ごろから伝えていく**のがいいと思います。「おはよう」「お疲れさま」などのあいさつも同様の効果がありますが、「髪を切りましたか？」「それは初めて見るな。新しく買ったの？」のように、**相手が自分をよく見てくれている、注目してくれていると感じる言葉**をかけるのもいいですね（ハラスメントにならないよう注意は必要です）。大切なのは、**メンバーを肯定して安心させること**です。

　プライベートな時間でも「ありがとう」と伝えることを習慣化してほしいと思います。夫婦関係や友人関係の中でこそ、感謝が必要です。"親しき仲こそ礼儀あり"です。仕事に集中できるということは、日常生活が安定しているということ。日常の感謝の積み重ねが、人間関係を良くする一番簡単で、一番大切なことだと思います。

　ディズニーの作品『ふしぎの国のアリス』の歌の中には、「A very merry Un-birthday to you」という歌詞があります。日本語で言うと「何でもない日、おめでとう」です。いつもの日常でも、ポジティブになれる言葉を使いたいものです。

しくみ13 仕事に責任感を持たせたい

得意なことで挑戦をさせ、専門性を身につけさせる

　任された仕事を中途半端に終わらせてしまったり、仕事のチェックをせずに他の人に任せてしまったり、方針を変えたままやりっ放しにして、まわりに迷惑をかけてしまう人がいます。そうした人の仕事の尻拭いをすることになり、困った経験がある人もいるかもしれません。

　このように仕事が雑になり責任感が持てなくなるのは、多くの場合、本人の性質の問題というよりむしろ、**本人が仕事に自信のない状態のまま、放置されていたのが問題**なのです。

　そういう場合には、リーダーが、仕事の中で得意なことを見つけ、専門性を育てていくと、責任を持って仕事をやりきってくれるようになります。

　ただ、面談やミーティングで話しただけではその人の得意なことはわかりません。まずは、リーダーの視点で、**得意そうな仕事を任せて、工夫やチャレンジをさせてみるのがいいでしょう。**

個性がわかれば力を発揮できる仕事がわかる

　ディズニーでは、どんなメンバーに対しても、どうすれば活躍できるのかを考えます。まわりより仕事が遅いタイプなら、ていねいにやってほしい仕事を任せます。積極的にまわりとコミュニケーションをとらない人なら、黙々と1人で進められる仕事を任せる、誰かと会話するほうが活発に動き出す人には、誰かと組んで何かを生みだす仕事にチャレンジさせるという具合です。

　ディズニーの有名な映画に『白雪姫』がありますが、ディズニーではその映画に登場する7人の小人がそれぞれを補完し合うチームにたとえることがあります。98・99ページの仕事の任せ方とともに、ぜひ参考にしてみてください。

❶ ドク（先生）▶思考型

　何事に対しても適応力があり、バランスを重視するタイプの人です。ただし、すべてにおいてバランスをとろうとするので、オールラウンダーとして有能な反面、孤立しやすい特徴があります。

❷ グランピー（おこりんぼ）▶本能型

　独立志向があり、一匹狼のような行動をします。組織内では協調性が低いほうで、他のメンバーへの指導や、誰かとの

共有を嫌います。コミュニケーション能力もあまり高くはありません。自分のこだわりが強く、攻撃的になることも。計画性に欠ける傾向もあります。

❸ ハッピー（ごきげん）▶本能型

グランピーに比べると協調性があり、「みんなで仲良く」という意識が強いのが特徴です。チームワークをとても大事にします。コミュニケーション能力が高く、他のメンバーとの関係構築も上手です。ただし、その分、1人でおこなう作業は大の苦手です。

❹ スリーピー（ねぼすけ）▶本能型

性格は楽観的で自由奔放、アイデア重視。独創的ですが、計画性がなくて細部を軽視する傾向もあります。チームや仕事についても、全体像は見えているはずなのですが、タイムリーには動いてくれないところもあります（本人にはその自覚がありません）。一方で、チーム内の空気を察知して、周囲を鼓舞し、まとめていく力を持っています。

❺ バッシュフル（てれすけ）▶感情型

目立とうとしたり前に出たりはせず、仕事を着実にこなします。仕事中は常にチーム全員のために行動するのですが、そのストレスが原因で仕事終わりにお酒を飲みすぎ、タガが外れるような二面性があります。

❻ スニージー（くしゃみ）▶思考型

　スリーピーとは対極的で、細部を重視しながら仕事を進めます。神経質で思慮深く、リスク回避、秩序、安定を大事にします。ただし、細部を重視するあまりこだわりが強すぎるところがあり、仕事が遅く、全体像をうまくとらえられないという短所があります。

❼ ドーピー（おとぼけ）▶本能型

　チームでは、サポート役、仲介役を務めやすい人です。常に他のメンバーに対して親身になりますし、チーム全体のために尽力します。自分の立ち位置を理解していて、チーム内で対立が起こったら仲介しようとします。感受性が強いのが長所ですが、反面、決断力や集中力に欠けるところがあり、仕事では妥協してしまうことも。

　任せた仕事が本人にぴったりハマればそれで良し。良い結果が出なければ、トライ＆エラーを繰り返して、得意なこと、良い結果が出ることを見つけていくしかありません。
　新しい仕事を達成して自信をつければ、それが次に挑戦する原動力になります。仕事に自信を持ち、プロとして責任を持てるようになると、仕事で「ひと手間」のふんばりや、もっと良くするにはどうしたらいいだろう？という探究心も生まれます。リーダーはメンバーの性質や仕事を見極め、うまくハンドリングしてほしいと思います。

図16 各タイプへの仕事の任せ方

● ドク

　放っておいても自分で考えて業務を遂行できる人物です。指示すれば
フィードバックもいいタイミングでおこなってくれるので、安心して仕事
を任せて大丈夫。組織やチームに必ずいてほしい人です。

● グランピー

　感情や論理にはあまり関心はなく、自分の感覚を大切にしているため、
新プロジェクトなどにチャレンジさせたり、難しい課題の解決に着手させ
たりするにはふさわしい存在です。向学心があるので、何かを学ばせたり、
異体験をさせたりすると伸びていきます。ただし、並行して他の作業を進
めさせるのは難しいでしょう。スニージーのような思慮深く安定したタイ
プとは考え方が似ているため、パートナーとして協働させると良いパフォー
マンスが生まれる場合があります。

● ハッピー

　ムードメーカーになりやすく、さまざまな場の議事進行やまとめ役が適
任です。人との交流による情報収集力も高く、チーム全体を把握していま
す。ただし、人間関係は広く浅くというのが特徴で、人や仕事に対する深
い考察や探求をしません。1人で作業もできますが、みんなに注目されな
がら力を発揮するほうが得意です。熟慮を求められる仕事には向いていま
せん。

● スリーピー

　組織・チーム内で敵を作らず、全般的にうまくこなして進めていくので、
ムードメーカー的な存在として、チームにいてくれると助かる存在です。
仕事のできはけっして悪くはありませんが、緻密で細かい作業には向いて
いません。特に緊急性が高かったり、計画性が求められたりする仕事は、
いらだちを感じ、反発して、逆効果になる場合もあります。理念やコンセ

プト作り、中長期的な作業を与えると、良いパフォーマンスを発揮してくれます。

● バッシュフル

仕事をコツコツとこなすので、正確性・確実性を求められる仕事には向いています。プロジェクトでは、その経緯をきちんとまとめ上げてくれます。ただし、精神的に少々弱いところがあるので、放置しないように注意する必要があります。周囲の人から影響を受けやすいタイプで、どう思われているかなどを心配する一面もあるため、ストレス発散の場を作ることも必要かもしれません。

● スニージー

グランピーのような一匹狼的側面がある反面、寂しがり屋でもあるので、グランピーと協働させると、うまくいく可能性があります。1人にさせないほうがいい場合が多いです。仕事は真面目に、安全、安定的に進めますが、誰かと組んで仕事をすると、突如として調子に乗って間違った方向に進むこともあるので、注意して見ておいたほうがいいでしょう。

● ドーピー

単独行動が苦手なので、1人でやる仕事を任せてしまうとパフォーマンスが低くなります。基本は他のメンバーと組んで、そのサポート役や仲介役として仕事を任せるのがいいでしょう。チーム内では聞き役に回ってくれるので、他のメンバーからは期待される存在になることもあります。癒しや優しい存在としてチームにいてくれると安心です。

> 7人の小人の特性を理解して、うまくマネジメントしていたのが、かわいい白雪姫だったのです！

「やらなくていいこと」を決め、数字で指示する

チームメンバーに仕事を依頼したら、「忙しいのでできません」と仕事を断られた経験はないでしょうか。

もちろん、本当に忙しい場合もありますが、私の経験では不必要なことをやっていたり、ムダなことをしてやるべきことが止まっていたりする場合がほとんどです。やらなくていい仕事を抱え込み、仕事が順調に進められなくなっていて、焦りや緊張から仕事を拒否しているケースもあります。

仕事を構造化して1つひとつ解決する

「忙しいからできない」と言う人を動かすには、**仕事の優先順位をつける、具体的な数字で約束する、途中で進捗を確認する**、この3つが基本です。

まず、相手の着手している仕事内容をすべて聞いて、右図の①、②の説明をしたあとに、「**やること**」と「**やらなくていいこと**」を明確に指示してあげましょう。必要な仕事と不必要な仕事を分けるには、右の図の仕事の構造化が役に立ち

図17 仕事の構造化の手順

ゴール

① ゴール（成果物：WHAT）

具体的にしてほしいこと、作ってほしいものを共有する

例 「今私たちが目指すべきゴールは、A社との契約締結によって協働し、新卒者50名の採用を達成して組織を拡大することです」

目的

② 目的（何のために：WHY）

なぜ、そのようなことをしなくてはならないのか、誰に、何を提供するために実施するのかを共有する

例 「A社との協働によって当社の技術力を向上できれば、組織が大きくなり、販売販路も拡大することができます」

手段

③ 手段（やり方：HOW）

手段の数、手段の内容を説明する。誰（WHO）や期限（WHEN）、対象範囲（WHERE）や予算（HOW MUCH）を説明し、手段を双方で共有する

例 「そのために、田中さんはA社の組織図の理解し、担当部署を決め、担当者の選任、企画書の構成、予算の確認をおこなう必要があります」

※②と③を間違える状態を「手段の目的化」という。手段を実行することが目的にすり替わると、いつのまにかゴールとは異なる方向に仕事が進むことになる。たとえば、「売上を伸ばすこと」が仕事の目的になってしまうことなど。

ます。

　また、③の段階では**条件を数字で伝えたり、締め切り日を
設けたりするのも効果的**です。たとえば、「A4の紙1枚で仕
上がる内容にまとめよう」「議事録は2時間で作って、一度
私まで持ってきてください」といった具合です。

　ただし、本人が「やりたい」と思っている仕事や、こだわっ
ている仕事に対して「それはやる必要はありません」と頭ご
なしに言うと、相手を傷つけ、余計仕事が進まなくなる可能
性があります。

「忙しくてできない」と言う人は、焦ってカリカリしている
ことが多いもの。ネガティブな言葉にも敏感です。話し合う
ときも、リーダーは落ち着いて話すことを心がけてください。

　仕事の進みが悪くても、リーダーが進捗状況を確認してい
くことが、一番の解決策になるはずです。

しくみ15　「うちの会社ではできない」と言う人を動かしたい

「できない」と言う部分を明確にして、作業に臨ませる

　新しいことを始めようとするとき、「うちの会社ではできないよ」「他社もやってないよ」などと言われることがあります。さまざまなことに挑戦しているディズニーでも、新しいプロジェクトを立ち上げようとしたときに、「そんなことはできないよ」と言われた経験はあります。

　何かを始めるときに「できない」と言う理由は、「前例がない」「めんどくさい」という場合がほとんどです。新しいことに対してネガティブな反応をする人には、次の点を具体的に確認し、**問題点を明確にしながら、解決する提案をする**といいでしょう。

● どの部分が「できない」と思っているのか
● どの部分の「やり方」がわからないのか

　メンバーが新しい仕事に抵抗を示す場合は、「じゃあ、＊＊からやっていこうか」「大丈夫、＊＊のやり方ならできるから、やってみようよ」「＊＊ふうにしてみたら、あなたな

103

らできるんじゃない？」と具体的な道筋を示してハードルを下げ、最初の一歩を踏み出せるようにするといいでしょう。

専門性を高めるチャレンジをさせる

働いている人の中には、「給料が上がらないなら、これ以上余計な仕事を増やしたくない」という人もいます。会社の発展につながることを提案しても、「今忙しい」「私の仕事ではありません」と、残念な反応をされる場合もあります。

しかし、すでにお伝えした通り、誰でも自分の得意なことができ、専門性を身につけられたら、仕事にプライドと責任を感じるようになり、取り組む姿勢が変わってきます。

そうした意味で、**リーダーは、メンバーの専門性を高める仕事にはどんどんチャレンジさせてみましょう**。チャレンジの意義を伝えて、チャレンジをうながしてください（仕事の任せ方は113ページを参考にしてください）。

そして、メンバーにチャレンジさせるからには、リーダー自身も、新しいことに対してチャレンジする姿勢を忘れずにいてほしいものです。メンバーから提案があった場合は、何も調べずに否定したり、できない言い訳を並べたりしないようにしましょう。チャレンジを否定していると、メンバーからの信頼を失い、メンバーも動かなくなります。

しくみ16　作業スピードを上げたい

4つのしかけで タスクを進めさせる

ディズニーには、仕事の遅れを防ぐために「You first & Yes first」という標語があります。「**自分の目の前のことを、できることから進めていく**」ことを指しています。

まず、優先順位の高い目の前の仕事を終わらせる。仕事は「できること」から進めていく。ただし、その日に新たな仕事が入っても、基本的には**その日やることの優先順位は変えない**ということを徹底します。次から次へとくる仕事を片づけて優先順位を入れ替えてしまうと、いつまでも仕事が完了しないからです（198ページで紹介するメモも、この考え方がもとになっています）。

1　まずは「仕上がり60点」を目標にさせる

仕事の足踏みの原因になっているのは、「完璧に仕上げたい」といった思いが多いです。

その場合は、リーダーが「100点を目指さなくていい。まずは60点を目指そう」と伝えると、仕事が進んでいきます。

ただし、その場合、**「60点」がどんな状態かリーダーが言葉にして伝えなければなりません**。「とりあえずやってみよう」という指示では、相手もどこまでやればいいのかわからず困惑します。60点を明確にしたら、そこに向けてスタートするところからやらせてみましょう。

2 「トゥインクリング」で刺激を与える

また、仕事の進み具合をリーダーが声をかけて確認するという作業も、仕事を進めるうえでは効果的です。これはディズニーでは「Twinkling（トゥインクリング）」と呼ばれ、さまざまな場面で使われます。まばたきやキラメキ程度の瞬間的な軽い刺激を与え、雰囲気を変えて、目を覚めさせていきます。

たとえば、「さっきのあれ、どうなった？」や「あの仕事はどう？」といった、ちょっとした一言です。ちょっとした刺激で、はっとしたり、うれしくなるものです（くわしいやり方は225〜229ページで紹介しています）。

3 作業を細分化する

仕事の優先順位がわからず仕事が遅れている場合は、リーダーがメンバーと対話をし、**作業1つひとつをていねいに完結させていくように指導する**必要があります。リーダーは、

メンバーが報告に来るのを待っているのではなく、自分から声をかけて進捗確認をおこないましょう。

　面談では、任せた仕事のどこができていないのかを、ヒアリングして特定します（101 ページの仕事の構造化を参考にしてください）。なぜ、どのような問題があるからできないのかを、細分化して確認していきます。そのうえで、**仕事の目的と順番を示し、「今できること・やるべきこと」を絞って指示する**といいでしょう。

　たとえば、「＊＊が目的だから、まずは相手のスケジュールを確認しようか。それが終わったら、それぞれの日時を振り分けよう」と、仕事の手順を段階的に示します。

　仕事が思うようにできていないのは、やる気がないのではなく、やり方がわからないという場合がほとんどです。そもそも悩んでいる理由すらわからないという場合もあります。リーダーがやるべきことを言語化するという作業が、メンバーを動かすには一定の効果を発揮します。

　リーダーはメンバーに対して、**少なくとも月に 1 度、できれば 1 〜 2 週間に 1 度は 1 対 1 の対話をおこない、進捗を確認する**のがいいでしょう（111 ページの進捗確認のポイントも参考にしてください）。

　リーダー側も、メンバーからの仕事を長い間保留したり、優先順位をどんどん下げて後回しにしたりする事態は避けな

ければなりません。お互いの約束が果たせることで、仕事が中途半端になったり、遅れたりすることもなくなります。

4　作業をルーティンにする

　若いメンバーであれば、1人で仕事をやりきった経験がない人もいるでしょう。その場合は、1つひとつサポートしながら、「1つの仕事を最後までやりきる」ということを徹底して経験させていってください。

　仕事の中には、コツコツ進めていかなければならない細かな仕事がたくさんあります。細かな仕事は、リーダーがメンバーと話し合い、**「毎週木曜日は＊＊＊の仕事を必ずする」**「**毎日終業前の3時からはその仕事を必ずする」のようなルーティン**にしてしまうといいでしょう。「＊＊会」のようにチームで集まって集中的に作業させるのもいいですね。

　少々手間ではありますが、こうした「型」が身につくと、仕事はラクになるものです。リーダーがこうしたペースを作っていくと、メンバーもムダに悩まずに動きやすくなります。

しくみ**17**　ムダな仕事の発生を防ぎたい

進捗確認をし、
5つのコストを意識させる

　あなたの身近に「他部署や取引先に言われたことを、何でも引き受ける人」はいないでしょうか。YESで安請け合いする人です。

　安易に仕事を引き受けるとさらに作業を増やし、**後戻り**（作業をやり直さなければならない状態）が発生します。ムダな仕事や手間がどんどん発生し、計画も乱れ、効率が悪くなり、コストが膨らんでいきます。これがリーダーであれば、会社全体のパフォーマンス低下につながります。

　言葉は悪いですが、他部署や取引先にとっては、そうした人は都合が良く、つけ込まれやすいという一面があります。他部署や他社ではやってもらえない、自分たちにとって価値の低い仕事をたくさん依頼されることも考えられます。

　多くの企業では、こうしたYESマンタイプの人は「話が通じないから放っておこう」という対処をされがちです。しかし、ディズニーの場合は、絶対に放置しません。こうした姿勢は、企業の雇用損失につながると考えるからです。

仕事の後戻りは、精神的にも肉体的にもデメリットがあります。この問題が発生した場合は、**リーダーが進捗確認の方法を変えて、事前に防ぐことが大切**です。

ふだんからメンバーに相談させたり、報告をこまめにさせたりすることを習慣づけていれば、こうしたトラブルは防げます。めんどうに感じますが、後戻りをなくすためにはある程度必要です。右の図を参考にポイントを押さえてみてください。

また、リーダーはメンバーの状況を確認したら、「やるべきこと」「やらなくていいこと」を早い段階で明確に指示し、後戻りのないようにさせていくといいと思います（101ページの仕事の構造化を参考にしてください）。

メンバーに意識させたい5つのコスト

やや大きな話になりますが、社内全体で仕事がスムーズに進まないときは、メンバーに**5つのコスト**を確認させるのもいいでしょう。コストはお金だけでなく、マイナスの影響、損失すべてを指します。

5つのコスト

① **マネー**（**お金**）　② **タイム**（**時間**）

③ **ブレイン**（**脳**）　④ **レイバー**（**労働力**）　⑤ **メンタル**（**心**）

図18　進捗確認のポイント

ゴール

① ゴールの理解

仕事はチーム・集団でおこなうものという大前提を認識させる

例「私たちの仕事の総成果は、メンバー各人の仕事の成果の足し算ではなく、掛け算によって生まれます」

信用・信頼

② ブランド力・チーム力の理解

チームで1日1日、一品一品を積み重ねてきた結果、今のブランドの信用・信頼があることを認識させる

例「チームメンバー 1人ひとりの仕事の積み重ねで今の信用・信頼があります」

コスト意識

③ 5つのコストの理解

誤った判断で生じる仕事の後戻りを防ぐ

例「お金だけではなく、総労働時間やメンタルの消耗や浪費、脳への疲労もコストにあたります」

①は文字通り、お金の損失です。多額の費用がかかることです。②は、予定より遅れが生じることです。ムダな時間が発生すれば、生産性が落ちてしまいます。③は、あれこれ悩み、考えることによる損失を指します。ムダな悩みは脳の疲労につながり、本来頭を働かせなければならないことができなくなります。これは②にもつながります。④は、労働力の損失です。本来は5人でできる作業に10人かけなければいけない事態が生じたら、それは5人分の労働力の損失が起きている状態です。⑤は不安や心配、悩むことから生じる生産性の低下を指します。

　経営者やリーダーは、「Aの作業コストを下げると、Aの作業スピードや品質が落ちて、②や⑤の損失が生まれる」「Aの作業に人数をかけたせいで、Bの作業が停滞し、②や④に損失が生まれる」などといった可能性を考えてマネジメントしなければなりません。

　一部にかかっているお金を減らせば解決する、人数を増やして仕事に当たれば解決するという単純なものではないのです。メンバーにあらゆるコスト意識を持たせるためには、62ページの**行動基準を作って優先順位を明確にする**方法もあります。そうすることで効率的に動けるようになるので、ぜひ試してみてください。

しくみ18　仕事への無関心をなくしたい

まず「やってみる」で、相談役をつけて挑戦させる

　企業の人材教育のコンサルティングをする中でよく質問されるのが、「会社に勤めながら、キャリアをどう作っていけばいいんですか?」というものです。仕事を「好き・嫌い」「合っている・合っていない」という軸で考える人も多いようです。

　しかし、人材教育でさまざまな人と接していると、誰でも自分自身のことを案外わかっていないように思います。「この仕事は私には向いていないと思います」という理由で、チャンスを逃している人のなんと多いこと。もったいないですね。

チャンスを創る仕事の任せ方

　ディズニーでは、新しい仕事をメンバーに急に任せることもよくあります。これは、仕事の成果を得るだけでなく、そのメンバーの人材教育やキャリア構築において、大きな成長の機会となることを期待しているためです。

　リーダーや教育担当者は、「**目の前の仕事をノーと言わず**

にやってみる。それがチャンスにつながる」ということを、自身の経験もまじえて、メンバーに何度も伝えてほしいと思います。任せるときは、次の3つのポイントをもとに挑戦させてください。

1　仕事の意味や目的を伝える

チャンスを創る仕事を任せるときは、その目的、仕事の意味、必要な理由、やってもらいたい理由を説明します。たとえば、「この仕事は、ていねいで諦めないあなたの性格と貫徹力に向いていると思うから、やってみませんか？」のように伝えるといいでしょう。

2　具体的なやり方・手法を教える

72ページで紹介した方法を参考に、一部から細かく説明し始めるのではなく、まずは全体像を説明して概要をつかんでもらったあとに、1つひとつについてていねいに説明します。

3　相談役を紹介する

途中で迷った場合、できなくなった場合のために、中堅メンバー、先輩メンバーなどを紹介しておきます。近くの先輩に相談をして、すぐ前に進められるようにしておくことが大切です。「困ったら、この先輩に相談しなさい」と、目の前で紹介しておくといいと思います。

人の役に立って初めてキャリアになる

「キャリア形成」や「キャリアプラン」という言葉から
は、自分で戦略を立て、自ら道を切り拓いて作っていく
ような気にさせられます。しかし実際は、それほどきれ
いなものではなく、思い描いていた通りにキャリアを歩
んでいる人はほとんどいません。

いろいろな部署、ポジション、業務にチャレンジする
中である段階に達したとき、初めてその人に向いている
ものがわかってきます。そして、それを判断するのは、
その人自身ではなく、**上司やまわりのメンバー、あるい
はお客様**なのです。

私たち人間は、自分自身のことが実は一番よくわかっ
ていないものです。まわりの人に判断されたり、役に立っ
たりしたときに、自分自身が見えてくるものなのです。

リーダーとしてメンバーのキャリアを応援するには、
彼らが多様な経験を積むことをうながすと同時に、彼ら
の強みや才能がまわりから評価される機会を作ることが
不可欠です。

そして、リーダー自身も、部下やまわりの人を応援す
ることで、自分のキャリアが豊かになったと感じる経験
をしてもらえたらと思います。

過去を肯定して
強い思い込みをはずす

　ディズニーには Now & Here プログラムと呼ばれる研修プログラムがあります。このプログラムは、**ネガティブな見方をポジティブな見方へと転換し、その人の過去に新しい価値を与えること**が目的です。

　人が間違った判断をしてしまう原因は3つあり、1つが油断や慢心、2つめは強い思い込み、3つめは情報不足です。このプログラムは、2つめの**強い思い込みをはずす作業**です。

　メンバーの中には、過去の出来事に対して負の感情を抱えていたり、トラウマや許せないこと（人）があったり、心に傷を負ったりしている人もいます。今の職場で今の仕事をするようになるまでのプロセスを俯瞰し、ネガティブな思い込みを外すことによって、その人を本来の立ち位置に戻すことができます。

　また、メンバーがまわりに知られていない、すばらしい経験や能力を持っていることも、このプログラムで明らかになります。

過去を価値化して前向きにさせる

このプログラムでは、生まれてからこれまでの自分自身のマイルストーン、いわゆる年表を作ってもらい、自分が影響を受けた出来事や感じたことなどをグループで共有します。

自分の人生を振り返って、自分の人生に影響を与えた出来事を付箋に書き込み、それを自分の年表の上に貼りつけていきます。**人生の分岐点**、そこでした**自分の選択**を可視化して明確にしていきます。

年表が完成したら、参加者でグループを作り、グループ内で自分の体験について発表します。

このときに、発表者がネガティブな体験だと思っていることに対して、まわりの人は**他の見方**、**とらえ方**がないのかを考えていきます。

リーダーや研修担当者は、発表者やまわりの人がポジティブな見方をするようにうながしていきます。

たとえば、ネガティブな思い込みをしている人に対して、「なぜそう思うようになったんですか？」「今はなぜ、そう思っているのでしょうか？」「あなたの本音は、一言でいうと何ですか？」のように、相手の話をほぐしていきます。

こうしたプロセスを経ると、過去の出来事が原因で「もう、つらい思いはしたくない」と考えていた人が、「そうか、あ

の出来事は良かったのか」と考えられるようになります。すると、今いる場所を自分の居場所として認識できるようになります。ここがこのプログラムの肝心なところです。**過去の経験や感情を肯定できると、自分が今の場所にいることの価値も高まり、仕事への取り組み方も変わる**のです。

　このプログラムで一番変化があるのは、所属部署内であまり目立たない人です。このプログラムを受けると次々と変わっていきます。

　ディズニーでは、このプログラムを告知して参加者を募る方式でおこなっていましたが、告知しても、目立たない人は自分から参加しないかもしれません。そのため、このプログラムが職場で受け入れられるまでは、リーダーや教育担当者が参加者を選んで実施していくといいと思います。

　ただし、目立たない人だけ研修を受けていると、本人が恥ずかしいと感じかねないので、表向きは明るいイメージのネーミングのイベントにするなど、ネガティブに感じさせない配慮は必要です。このプログラムは個人のパーソナルな部分に触れるので、十分に配慮しておこなうようにしてください。

図19 Now & Here プログラムで書き出すこと

・生まれた年
・父、母、兄弟姉妹、家族構成、職業、自分の性格
・幼少期の生活、しつけ、家訓、生活環境
・小学校・中学校・高等学校での生活の様子
・打ち込んだこと、時間やお金をかけたこと
・影響を受けた人
・挫折、後悔、今でも許せないこと
・人生の分岐点になった出来事、判断、選択
・振り返って、現在も一番強く思っていること
・過去、現在の宝物

価値化するときのポイント

① 質問したら、メンバーが話し始めるまでじっと待つ
② なかなか話せない場合は、ファシリテーター本人の話を"たとえ"として話し、メンバーの話を再度待つ
③ 話を始めたら、途中で話を遮らず、すべて聞く
④ なぜ、そのようにメンバー自身が思い、行動したか、理由や背景、考えの軸を質問し、その答えを復唱し、再度、メンバー本人に確認する
⑤ これらのやりとりは整理や過去の棚卸しであって、正解や、正しい方向へ導くものではないことをファシリテーターは強く認識しておく

場所と時間を変えて、現場の感覚と初心を取り戻させる

　組織全体の変革をなるべく短期間で、効率よくおこないたい場合は、経験豊富で、権限を持ち合わせている幹部層を巻き込むのが最適です。

　しかし、一般的に、人は慣れ親しんで居心地が良い環境からあえて離れるということは、なかなかできません。そのため、渋い顔をしている幹部層が、楽しい顔つきになるような工夫をする必要があります。

幹部メンバーを動かす2つのアプローチ

　幹部層を動かしたいときは、**場所を変える**、または**時間を変える**アプローチをおこない、学び直し体験をしてもらうといいでしょう。

　「場所を変える」というのは、簡単に言うと**現場に連れだすこと**です。現場はいわば事業の最前線。オフィスで仕事をしている人たちも、店頭や客先に出向く若いスタッフと会話を

すると、現場の感覚を体験を通して理解できます。

　私がディズニーで働いていた時、特に「デキる」とされる幹部層の人々は、よく現場に顔を出していました。担当業務にかかわらず、現場の最前線であるディズニーランド内で、よく見かけたことを覚えています。私たちに一声かけたり、遠くから親指を立ててサインを送ったりしていました。

　今振り返ると、彼らが現場をチェックしていたのはもちろんですが、現場の感覚を取り戻し、自分の頭を整理するために園内を歩いていたのだと思います。

　リーダーから幹部に「今日は一緒に現場を見に行きませんか？」と声をかけるのも、非常に効果的なアプローチだと思います。

「原点」に立ち返ることが大切

「時間を変える」というのは、創業当時や幹部層の若い頃について「その当時はどうだったんですか？」と質問したり、当時の写真を見せたりすることで、**原点に立ち返ってもらうこと**です。事業の原点を振り返ってもらうことで、安定により改善に意識が向いたりメンバーからの新しい提案やアイデアに対して、前向きになったりします。

　私がコンサルティングをしたある企業では、役員・全店長を対象に幹部研修をおこないました。研修では、業界の歴史、

オイルショックやバブル崩壊といった社会的な出来事、その中での自社の活躍や役割に触れることで、自社の在り方を振り返っていただきました。

研修後、幹部の方は「これまではテクニカルなセミナーや研修しかおこなってこなかったけれども、今回のように理念や思い・フィロソフィーに触れる研修の重要性を改めて知った」「全員を集めるには時間とコストもかかったが、会社の再スタートという意味ではとても意義があった」とおっしゃっていました。

幹部研修の一番重要な点は、「振り返り」です。つまり、**企業の原点を問いただすこと**です。目の前の数字や業務に忙殺されていると、「そんなことを考えている暇があるのなら、現状を良くすることをやるべき」と言われることもあります。

しかし、幹部こそ初心に返り、**先人たちが作り上げてきた歴史や伝統を改めて深く考え、そのバトンをつないでいる今があることを認識してもらいたい**と思います。

「昔のほうが良かった」と不満があふれることもよくありますが、そのまま終わっては事業の発展にはつながりません。変化は一朝一夕には起こりませんが、根気強く取り組むことで、徐々に組織全体の雰囲気が変わっていくはずです。

第 **4** 章

TEAM

チームが機能する

しくみを作る

クレームを必ず集計し、多い順に解決していく

　さまざまな職場で、課題を見つけて改善する取り組みがおこなわれています。しかし、いつのまにか「課題を見つけること」が目的になってしまっていたり、取り組みが途中で立ち消えになったりして、なかなか改善に至りません。

　また、「こういうクレームが多いよね」と肌感覚でわかっていても、それをきちんと集計・分析し、データとして残していないことが多くあります。

　チームの雰囲気を変える一番の方法は、**クレームを集計し、その結果をもとにクレームの多い課題から1つひとつ解決していくこと**です。

クレームの発生原因は定義のあいまいさ

　メンバーは仕事を進める中で、課題も少なからず認識しています。リーダーが1つひとつ解決していく姿を見せて、気持ちよく働ける職場環境にすることがチームワークを良くするうえでも非常に大切です。

　私があるテーマパークのコンサルティングをしたときは、このクレーム集計と分析がまったくできていませんでした。クレームの集計に取りかかってもらったところ、ゲストクレームの1位が「トイレが汚い」、2位が「スタッフにアトラクションや店舗の場所を聞いてもすぐに教えてもらえない」、3位が「園内のどこに何があるのかがわからない」という結果になりました。

　そこで、まずはクレームの1番多いトイレ清掃から始めることになりました。「これまで、どういうふうに清掃していたのですか?」とスタッフに聞くと、「トイレの近くの店舗の人が、気がついたときに清掃していました」とのこと。しかし、実際は、何時間もほったらかしになっていました。

　こうしたことが起こるのは、「気がついたとき」や「近くの店舗の人」など、**ルールそのものに「余白」がある**からです。

　そこで、誰が・いつ・どこのトイレを清掃するのかを、誰でも理解できるようにルール化しました。

「スタッフにアトラクションや店舗などの場所を聞いてもすぐに教えてもらえない」という課題に対しては、各店舗のスタッフに、「＊＊にはどう行けばいいですか?」というゲストの質問に答えられるようスタッフ全員に全施設の位置と名称を覚えてもらいました。

このテーマパークでは、園内の多くがテナント店舗でした。そのため、スタッフは自分の店の商品は知っていても、隣の店のことはまったく知らないという状態だったのです。

この取り組みの結果、あっという間にゲストからの評判が良くなりました。そうなると各店舗、各チームの士気も上がって、自分たちの仕事のおもしろさや、テーマパークで働ける喜びにも気づいていく様子が見て取れました。

フィードバックが前向きな空気を生む

クレーム集計・分析の対象は、商品やサービスを使うお客様、ゲストだけではありません。取引業者も対象です。総務部門や経理部門などでは、社内の他部署や各支店の担当者なども対象になるでしょう。定期的にインタビューをしてクレームや意見を集めておくのがいいと思います。

ディズニーでは、ゲストクレームの他にも、取引のある業者の方々を集めてインタビューし、外部から見た不便さや不都合を感じる点について聞き取り調査をしていました。

そうすると、社内からは見えないこと、たとえば会計システムの使いにくさや、締め日の不都合な部分、担当窓口による請求手続きの違いなどの問題が出てきました。どの会社にも「社内の当たり前」や論理や言い分があります。社内外の人と快適かつ機能的に働ける環境にするためにも、クレーム

や意見を放置するのではなく、双方がコミュニケーションを図り、改善していくことが大切です。結果的にその改善によって、前述したさまざまなコストが減少し、心も快適な仕事環境に発展していきます。

　課題解決にあたっては、大きなコストがかかり、すぐにはその問題を解決する予算が取れない場合もあると思います。そういう場合は、**優先順位を変えて、できることから確実に着手していきましょう。**

　改善したら、その成果もきちんとチェックし、メンバーにフィードバックします。**どういう点をどのように改善し、どんな成果が上がったのかを、メンバーに向けて発表することを忘れずにおこなってください。**「何も改善しない」というのが、スタッフにとって一番ストレスになり、チームとしてのまとまりがなくなるからです。

　クレームの集計・分析をする習慣をつけ、事実をもとに1つひとつ改善していくことが、チームを動かす第一歩になります。

小さな作業こそ
習慣化させる

　第3章では、マニュアルをもとにメンバー1人ひとりに仕事を定着させていく方法を紹介しました。ここでは、それをチームパフォーマンスにつなげていく方法を紹介します。

　チームでも、**やるべきことが「当たり前にできる」という状態になると、ほどよい緊張感が自然と生まれて、チームのパフォーマンスも高まります**。1つのチームがレベルアップすると、近くのチームもレベルアップします。そうなると、互いに競争力が生まれ、会社全体がレベルアップするという良いサイクルが起きます。

「小さな作業」の徹底から始める

　職場に良いサイクルを起こすためには、チーム全員がマニュアルにそった行動ができるように、リーダーが作業を徹底させていきます。徹底するといっても、最初からハイレベルなことをやるのはおすすめしません。いきなりハイレベルなことにチャレンジしても、なかなか続かないからです。

習慣化したいのは、常識レベルの作業です。たとえば、「会議録は1時間以内に作る」「出張報告書は翌日に提出する。もし翌日休暇を申請していても、報告書を上げてから休む」といった小さなことです。

最近、よく「モーニング・ルーティン（朝の習慣）」という言葉を耳にします。習慣化というのは、カーテンを開けて朝日を取り込む、ベッドの上でストレッチを5分やる、歯磨きをする……といったモーニング・ルーティンように、わざわざ考えなくても、身体が勝手に動く状況にすることです。つまり、習慣化は頭に叩き込むのではなく、**身体に叩き込んで、当たり前、常識レベルに変える**ことなのです。

習慣化していくためには、約3週間、20日間程度、同じ時間で同じことを反復すると、その行動が定着していくと言われています。習慣化で大切なのは、この「毎日、反復する」ということです。

チームの動きが「当たり前」になると起こること

習慣化からは、思わぬ力が生まれるときがあります。

私がディズニーで働いていたとき、幹部に不幸があって、都内の寺で社葬を執りおこなったことがあります。当日は雪の降る日で、何千人もの方が弔問に来られたので、私たちキャストが手伝いとして、交通誘導などをしに行く必要がありました。

ディズニーのキャストは、日ごろからゲストを誘導し、無線機で連携するなどして行動するのは、習慣化していました。

　社葬の日も、いつもと同じようにキャスト全員が配置につき、弔問の列席者の誘導をおこなっていました。

　それが非常にスムーズだったため、プロの葬儀社のスタッフからも期待を大きく超える評価を受け、感嘆と感謝状をいただきました。弔問に来られた方々からも大変褒められました。仕事でなくとも、「社内で身につけたことが自分の当たり前のスキルになる」という習慣化の力を、このときに実感しました。

　1つひとつの行動が習慣化し、チームのみんなが「それをやるのは当たり前」という意識になったときは、チーム全員の力が発揮できるものです。チームでやったことが評価されると「チームでやって良かった」という気持ちになります。リーダーは、習慣化によりチームとして評価される体験を作ることを目指していただければと思います。

しくみ**23**　「自分の仕事にしかない魅力」に気づかせたい

クロストレーニングで非日常を体験させる

　毎日同じ仕事を繰り返していると、「めんどうだなぁ」「まわりは楽しそうだなぁ」という気持ちが生まれてくるときがあります。慣れてくると、いつもやっている仕事の本当の良さやおもしろさを、つい忘れてしまいがちです。

　そこで、職場や仕事のおもしろさや喜びを思い出し、「ありがたみ」を感じるために、ディズニーでは他チームや他部署と人材を交換する**クロストレーニング**をおこなっています。

　ディズニーでは、「非日常」という言葉がよく使われていますが、その根本には、**ふだんの場を離れて初めて、日常のすばらしさにも気づく**という発想があります。目線を「自分サイド」ではなく、「逆サイド」に変えてみなければ、本当のことには気づけないのです。

約2週間「転地効果」を体験する

　クロストレーニングは主に中堅メンバーが対象で、期間は2週間程度です。実働では10日ほどですから、成果を上げ

るというより、その部署の仕事を実際に体験するトライアルのようなプログラムでした。それでも、目線を変えるという点では大きな意味がありました。

　私自身は、食堂部に所属していたときに、このクロストレーニングのプログラムを受けました。

　当時、私が働いていたのはセンターストリート・コーヒーハウスというレストランで、子どもから大人まで楽しめる洋食メニューがそろい、常にゲストでいっぱい。毎日忙しく、お皿を下げ続けたりする日々でした。その忙しさに少々参っていたときに、クロストレーニングとして別のレストランで働くことになりました。

　このレストランは19世紀のアメリカ南部の入り江をイメージした、ロマンティックな雰囲気の店舗です。キャストのユニフォームもひと際カッコいい店でした。ところが、はじめはうれしかったのですが、ロマンティックな雰囲気なので、ゲストとのフランクな会話はあまり求められていないことがわかりました。

　もちろん、このレストランならではの良さがあるのですが、自分が働いていたレストランでのゲストとの会話の多さに気づけて、「自分のいるレストランは、本当はおもしろかったんだなぁ」と改めて感じたものです。

　いつもと違う環境で、違う仕事を担当してみると、当たり前だと思っていたことが実はおもしろさにつながっていることがわかり、**当たり前の日常が「ちゃんと良い」ということに気づきます**。

　また、このプログラムで他チームや他メンバーの仕事の苦労にも気づけるので、相互理解が深まります。これが、まさに転地効果を体験する効用です。

　転地効果とは、休日に温泉旅行に行ったり、場所を変えたりしてリラックスすることで、ふと良いアイデアが浮かんだり気分が晴れやかになる経験を指します。場所を変えることによって、普段は忘れがちなことを思い出すことがあるのです。

　クロストレーニングをするには、他部署や他チームとの調整も必要になるので、リーダー同士が十分に話し合っておこなうといいと思います。「慣れてきてちょっと仕事に飽きているな」と感じる中堅メンバーを対象におこなうと効果があります。

成果が見える
掃除をする

クリーンアップアクションは、半年や1年に1度、メンバーみんなで社内の掃除をするプログラムです。

掃除は、すぐに目に見える成果が現れるのが大きなメリットです。仕事の中には、1週間先や1ヶ月先、半年先にならないと成果が見えないものも多いです。「みんなでやったら、すぐに成果が出た」という点に、このプログラムの良さがあります。このプログラムの目的は、職場のみんなで一体感を感じることです。成功させるためには、いくつかポイントがあります。

ポイント1　全員参加させる

ポイントの1つが、**必ず全員参加させること**。あらかじめ全員が参加できるように計画を立てておこないます。

会社全体で実施しても、部署単位でも構いませんが、「役職者は参加しなくていい」や、「外部の人とミーティングや商談が入っている人は参加しなくていい」といった例外を作らないようにします。誰かが欠ければ、一体感を感じられな

いからです。全社でおこなう場合には社長も参加必須です。

ポイント2 ゴールを明確にする

このプログラムをおこなうにあたり、リーダーは事前に次の①〜③を決めておきます。

リーダーが決めておくこと

❶ 掃除をする時間

❷ 掃除をするエリア

❸ 掃除の成果・レベル

たとえば、「〇月〇日〇時〜〇時／〇階フロア／ゴミや不要なものがなくなり、デスク上にはパソコン以外のモノがなく、フロア内のすべての備品が所定の場所に収まっている状態になるまで」のように示します。

参加者全員の役割分担も決め、「この部分は個人に任せます」という**グレーゾーンを作らないようにしてください**。必ずゴミ箱1つまで、誰が、どういうゴールまで、きちんときれいにするかを決めることが肝心です。

プログラムの最後に、集まった多量のゴミ（成果物）の山をみんなで見る瞬間も、圧巻です。

このプログラムは、すぐできて、「一丸となった」実感が簡単に得られるうえに、気分もすっきりするのでおすすめです。

全メンバーが交流できる イベントを実施する

　ディズニーでは、職場に一体感を作る方法の1つとして、**オフタイムに全メンバーが交流できる機会**を作っています。

　こうしたイベントは「オフタイムまで会社の人とすごしたくない」という気持ちから、敬遠する人もいます。1人ひとりがきちんと仕事をしていれば、チームの一体感は必要ないという意見もあります。

　しかし、すでにお伝えしている通り、ディズニーにはモチベーションをもとに仕事をするという考え方がありません。だからこそ、**チーム力を大切にしていた**のです。

　ウォルトのいう「チーム力」とは、1人ひとりの力を足し算して生まれるものではなく、**1人ひとりの力が掛け合わされたときに大きな成果が生まれるというもの**です。

　仕事をしている中で、忙しくなったり、急なトラブル対応が生まれたりしたとき、感情の乱れはどうしても出てきます。そんなときに、チームメンバーのとっさの対応やサポートで

トラブルを乗り越えられたことがある人も多いと思います。

「1人ひとりが言われたことだけできていればいい」という考え方で仕事をしていると、「言われたことだけやっていれば、協力しなくてもいい」という、協調性や主体性のない人が生まれます。仕事でマイナスを生まないためにも、リーダーがチーム力を高めていくことはとても重要なのです。

単純でわかりやすいプログラムにする

　ディズニーでは、社内で交流イベントを数多くおこなっていました。キャストだけでなく、キャストの家族も一緒に参加するイベントが多かった印象があります。家族と一緒であれば、会社での顔、仕事の顔とは違って、「あの人は会社では部下に対して口うるさいけれど、家族の前では無口だな」など、1人ひとりのキャストの素顔を見られます。**まわりの人の多様な面に接することで、まわりの人をよく理解できる**という効果がありました。

　ただし、全社で交流イベントをおこなうには、次の3つの条件が必要です。

❶ 全員参加させる（できれば家族も一緒に）
❷ 役職や社歴、上下関係を意識させることは持ち込ませない
❸ すべての人がムリなくできる内容にする

たとえば、テッパンのプログラムになりますが、**社員旅行や、社内運動会などのイベント**は、みんながワクワクするのでおすすめです。夜にみんなで歩く**ナイトウォーク、体育館でのバスケットボール大会やボウリング大会、バーベキュー、近場の温泉施設での交流会**などもいいですね。

　奇をてらったイベントを実施するのもいいですが、そもそもこの目的は全メンバーに一体感を醸成することです。まずはすべての人にわかりやすく、参加しやすく、安全にできるものにしましょう。イメージがつきやすく、簡単・単純なプログラムをおすすめします。やる人も準備する人も共通認識を持って進めることができます。

　みんなが参加してこその一体感なので、誰か1人が脚光を浴びたり、得意なことを活かせたりするイベントは不向きです。

　たとえば、ゴルフコンペはふだんからゴルフに親しんでいる人が圧倒的に有利で、それ以外の人はあまりおもしろくありません。皇居一周マラソン大会を企画した経験もありますが、少々ハードすぎるところが難点でした。ふだん運動をしていない人、体力に自信のない人は参加しにくいからです。

　みんなが気負わず、つらい思いをせず、楽しく参加できるイベントをぜひ企画してみてください。

しくみ26 **チームの仕事のレベルをそろえたい**

良い例と悪い例を可視化しあいまいさをなくす

ディズニーでは、ウォルト・ディズニーが用いた「Good show, Bad show」という言葉をよく使います。

ディズニーのマニュアルでは、服装やオフィスの整頓などについて、「整えられている状態（Good show）」と、「整えられていない状態（Bad show）」が明確にわかるように、**写真で示しています**。また、「必ずしなければならないこと（Good show）」と同時に、「絶対にしてはいけないこと（Bad show）」を示すこともあります。

仕事がきちんとできていれば「グッドショーだね」と褒めたり、服装が規定通りになっていなければ「バッドショーだよ」と注意したりしています。

2つの例を示すのは、**メンバーの作業レベルを可視化して○と×のジャッジを明確にするため**です。メンバー1人ひとりの作業レベルにばらつきが生じると、仕事にだらしなさが生まれたり、不公平感からメンバー同士の関係がぎくしゃくしたりします。明確な2つの例を可視化することで、**業務に**

あいまいさがなくなり、誰でも求められているレベルが理解できます。

チェックリストで習得度を確認する

　2つの例を共有したあとは、次の**チェックリスト**をもとにチェックと改善を繰り返し、「職場の常識」として浸透させていきます。チェックリストには、次の4つの項目を設けます。

チェックリストの項目

- ●「良い例（Good show）」の通りに仕事ができたか
- ● おこなう目的や意味を理解しているか
- ● 例外は生まれてないか
- ● アップデートの必要はないか

　また、チェックだけでなく、リーダーや教育担当者が「それはグッドショーだね」「それはバッドショーだよ」と声をかけていくことでも、作業の習得度が上がります。そして、**「例外」などのあいまいさを作らないことも大切です**。

ユーティリティを使って不公平感をなくす

　仕事のレベルをそろえるためには、量的側面での対応策も必要になってきます。誤った仕事の振り分けをしてしまうと、

「あの人は仕事が少ない」「いつも自分ばかりが仕事を任され
ている」という不公平感を生んでしまうこともあります。

　協調性があまりない人ほど、仕事を任せにくいという事情
から、仕事量が少なくなる傾向があります。
　その場合は、「ユーティリティ」と呼ばれる**緊急性の低い
仕事、大切ではあるけれどふだんは後回しにされている仕事**
などを任せて、仕事の量的バランスをとるといいと思います。
　たとえば、**社内の勉強会の運営**は、ユーティリティの良い
例です。
　私がディズニーで働いていた当時も、やや神経質でまわり
のメンバーと親しくするのが苦手な人がいましたが、ウォル
トの言葉や理念についてくわしかったので社内の勉強会の運
営を任せたところ、講師として一躍有名になりました。ディ
ズニーでは、創業者の理念を大切にしていますが、理念を学
ぶ勉強会の運営は、「大切ではあるけれど、後回しにされて
しまう状況」でもあったのです。

　とはいえ、たいていのユーティリティは緊急性が低い地味
な仕事です。ユーティリティを任せたメンバーには、ミーティ
ングのときなどに仕事内容を話題にしたり、本人が進捗を発
表できる場を設けたりしましょう。他のメンバーが「あの人
が＊＊を担当してくれているおかげ」と思えるように、あた
たかく接することも大切です。

双方にとっての幸せを
基準に仕事をさせる

　リーダーであれば、自分のチームや自部署のメンバーだけでなく、他のチームや他部署のメンバーとの連携を考えるのも重要な役目です。

　しかし、関連するチームや部署が複数にわたると、いつのまにか自分の部署の利益を主張したり、責任の押しつけ合いになってしまったり、チーム間や部署間の関係がぎくしゃくするようなことが起こりがちです。

　ディズニーでは、異なるチーム同士、異なる部署同士も、「HAPPY・HAPPY＝みんなにハピネス（幸せ）を提供すること」を自社価値と認識して働いています。意見がぶつかったときは「**みんなにとっての幸せとは何だろう？**」と考えるようにしています。

WIN ではなく HAPPY の視点へ

　ディズニーシーがオープンしたとき、パーク内の水路を蒸気船で巡るアトラクションを作りました。

　当時、アトラクション部門では、パーク内のホテルに宿泊しているお客様限定で、蒸気船に乗りながら朝食を食べてもらう新しいプランを作ることにしました（このプログラムは今はありません）。

　すると、「大きな影響を受ける」と反対したのはレストランを運営するホテル料飲部門でした。船の上で食事ができるようになってしまうと、ホテルレストランの朝食の売上が下がる可能性などの議論が持ち上がりました。

　しかし、そのときにメンバーは、「私たちの会社は『HAPPY・HAPPY』を大切にしている。では、『HAPPY』の根源は何だろう？」と考えたのです。

　最終的には、「食事にはいろいろな楽しみ方があっていい」という結論に至り、ホテル料飲部門とアトラクション部門で連携し、それぞれのサービスを差別化することに落ち着きました。

　レストランで温かい料理を食べるのも1つの楽しみ方で、価値のあること。一方で、できたての食事でなくても、船上で楽しく食べるのもまた1つの楽しみ方で、価値があるのです。

　部門間の連携がうまくいった結果、ホテルの宿泊者数が増え、ホテル料飲部門の売上が別の機会に上がるとともに、船上での朝食を希望するお客様も増えてアトラクション部門の満足度も上がるという良い結果になりました。

　新しいことを始めるときやトラブルが起きたときは、「勝ち

負け」「損得」の視点ではなく、「お客様にハピネスを提供すること」という視点に立ち戻って考えるべきであると、改めて感じた出来事でした。

　複数の部署で利害がぶつかる課題を解決するとき、「お客様への価値提供」という会社のミッションに立ち戻らなければ、どこかの部署や特定のメンバーにしわ寄せがいき、間違った課題解決をしてしまう可能性があります。
　リーダーには、自社の企業理念を振り返り、お客様、そしてメンバーみんなが幸せになれる方法で、チーム間の連携をとってもらいたいと思います。

図20　「双方にとっての幸せ」を見つける伝え方

Win の状態（達成・成就）

昇格・昇給・目標達成など、何かを手に入れたときに実感する幸せ。
時間の経過とともに幸せは感じづらくなる。

Happy の状態

① 歓喜・快感

歓喜・快感・楽しみ、ぬくもりや心地よさなど個人レベルで実感する幸せ。

> 例 「ゲストにとっては、どんなことがうれしいと感じると思いますか？」
> 「みなさんが感じる心地よさって、どんなものでしょう？」

② 人との出逢い（※ウォルト・ディズニーが最重視したもの）

人との出逢いで、もたらされる幸せ。色褪せることなく、永遠に実感できる。

> 例 「ゲストは、この場所でどんな人と会ったら喜ぶと思う？」「みなさんが、出会ってよかったと感じたのはどんな人ですか？」

③ 使命・役割

自分自身が意味や使命・自己有用感を感じた体験で、もたらされる幸せ。深い歓びと満足を感じることができる。

> 例 「ゲストの＊＊までサポートできる体験なんて、私たちの会社でしかできないと思いませんか？」

「実現させる！」を前提に やりたいことを提案させる

　変化の乏しい業務を担当していたり、仕事が少なくなる閑散期に入ると、チームに停滞ムードが漂います。

　そんなときは、リーダーがメンバーに**新規プロジェクトの提案をさせると、チームに活力が生まれます**。これは、メンバーに「自分も企画・提案していいんだ」「自分の企画から始まる仕事もあるんだ」と気づかせ、主体的にさせる効果があります。

　リーダーは「こういう時期だからこそ、みんながふだんから思っていることを形にしたい。『こんなことをやりたい』や『こんなプロジェクトを立ち上げたい』という提案をしてくれませんか？」と声をかけます。ただし、プロジェクトの提案をうながすときは、次の2つのルールがあります。

- リーダーがはじめから期間や予算を決めない
- メンバーが動いて実現させる前提でプランを立てさせる

　最終的にはリーダーが期間や予算を決めて、メンバーと一緒に内容をまとめていきますが、**はじめはメンバーにのびのびと考えさせることが大事**です。

　とはいえ、非現実的なプロジェクトでは意味がありません。あくまでも、**メンバーたちが考えたことを実現させる前提でプランを立てさせ、プロジェクトをメンバーたち自身に実施させましょう。**

　プロジェクトの提案が初めてのメンバーや、慣れていないメンバーには、プランの立て方、資料の作り方、プレゼンテーションの準備と実施の方法などを簡単に説明しておくといいと思います。**提案させる前に、実現に向けて考えて作られているのかを、自らチェックできるようにしておきます。**

　何もせずに自発的な行動を待っていても、チームは動き出しません。リーダーのちょっとした呼びかけで、メンバーが「リーダーが自分の提案を聞いてくれる」「自分で手を挙げれば、新入社員やアシスタントでも挑戦させてもらえる」という経験ができれば、少しずつ、1人ひとりが主体的に動く組織になっていきます。

リフレクションで
根本原因を見つける

　職場でミスがあると犯人探しが始まったり、内情を隠したりするケースが少なくありません。ミスが繰り返されている場合は、リーダーが根本原因を明らかにし、共有して解決していく必要があります。大切なのは、**人ではなく、しくみや環境にフォーカスして、それを変えること**です。

　「しくみや環境のせいにすると、メンバーのスキルが育たない」と思われるかもしれませんが、まずは「みんなの問題なので、みんなで解決する」「助けてくれる仲間がいる」というチーム意識や安心感を持たせることが大切です。

ミスの原因を見つけるリフレクションの手順

　ディズニーでは、問題解決にあたり右の図のような**リフレクション**が使われています（これはディズニー以外でもよく使われる方法です）。リフレクションとは、自分たちのおこなったことを、**事実にもとづいて客観的に検証する**ことです。

　検証するのは当たり前のように思いますが、ていねいにで

図21 リフレクションの手順

① ミスが起きた状況の確認（いつ、誰が、何をして、どのようになったなど）

> 例）昨日、パレードショーが始まるまでの時間に、パレードルートに敷設されていたロープで遊んでいた4歳の男児がロープに乗った後に転落。地面で後頭部を打ち、出血するという事故が起きた。

② ミスの過程の確認（前後の行動・いつもの手順）

> 例）ショーの30分前には、パレードルートにゲストが入り、ルート上の両側に仮設ロープを敷設する。敷設後はロープに触ったり、寄りかかったりしないようにキャストが注意喚起する。昨日も注意喚起していたものの、事故は発生した。

③ ミスに対する評価（良かったこと・悪かったこと）

> 例）同様の事故は、先月3件、今月もすでに1件発生している。注意喚起をしたものの、本件も含めて、効果は出ていないようだ。ゲストが約30分待たなければいけない状況を考えると、対策を講じる必要がある。

④ ミスが起きた背景・原因の確認

> 例）1番の原因は、パレード前の高揚感や期待感の高い状態でゲストが注意散漫になっていることにある。また、これまでの事故はほとんどがロープに手で触れてから起こっている。その初動を減らせば、問題の解決につながると思われる。

⑤ ミスから学んだことの言語化（判明したこと・習得したこと・従来のミスとの類似部分、違う部分）

> 例）ゲストの期待や高揚感を減退させず、ディズニーのこれまでのイメージを守りつつ、事故を減らすべきだと思う。待ち時間の間に、ゲストの手を使わせるアクションを取り入れてみてはどうか。

⑥ 決定事項の記録

> 例）次回からは、パレード開始前に、キャストはゲストに「拍手の練習」をうながす。

きていない会社が多いのが現状です。6つのプロセスで、状況や原因が言語化され、共有しやすくなります。特に⑤は、**自分たちが経験したことを価値化することができます。** ミスが1つの経験となり、チームのメンバー1人ひとりを成長させることにつながります。

クレームの背景にあったのはメンバーの疎外感

ディズニーでは、駐車場のキャストの接客に対してクレームが続いた時期がありました。

そこで私は、東京ディズニーリゾート全体の顧客満足度を上げることを目的とした、リゾート戦略室という部署の一員として、その駐車場のキャストを集めてリフレクションを使って話をしました。その結果、クレームの背景には、キャスト1人ひとりの「駐車場はどうせパークの外の施設だから」という疎外感の認識があったことがわかりました。

駐車場はお客様が入場料を払わなくても出入りできる場所です。パークの外にあるので、切り離されているという認識を持つのかもしれません。しかし、このとき私はキャストたちに「駐車場は本当にパークの外ですか?」という問いを投げかけました。車で訪れるお客様にとっては、駐車場は最初に迎えられる場所であり、最後に見送られる場所。駐車場のキャストはそれに気づいて、「自分たちがいい加減な接客サー

ビスをしていたらいけない」という結論に至りました。

根本原因がわかればアイデアも生まれやすい

　ディズニーでは、リフレクションから思わぬアイデアが生まれたこともあります。

　ディズニーランドのパーク内パレードでは、ロープの外側から、お客様に安全に観てもらうようにしています。このロープに子どもが寄りかかったり座ったりするケースが目につくようになり、問題になったことがありました。このときは、リフレクションの⑥に注力し、話し合いました。

　その結果、事故をなくす方法として「ロープに触らないようゲストに注意する」「注意喚起するプラカードをキャストが持って立つ」「それでもロープに触る人がいたらキャストがふたたび注意する」などの意見が挙がりました。

　しかし、どれもが「ディズニーらしくない」という意見で一致しました。

　話し合いを続けた結果、「ロープに触れないように、ゲストに手を使って何かをしてもらう」というアイデアがキャストから出ました。パレードルートの近くにゲストが集まってきたら、キャストがゲストに拍手の練習をうながす。ゲストに、目の前を通る乗り物を拍手で迎えてもらえば、そもそも

ロープに触れなくなり、事故のリスクも下がるというしくみです。サービスを良くするアイデアも、こうした対話から生まれるのです。

　リフレクションを繰り返す過程で、自社のミッションや自社が大切にしている「らしさ」を再認識することになります。そうしたことがメンバーに浸透していくと、チーム内に会社への愛着心やメンバー同士の信頼が醸成されていきます。
　こうした振り返りは時間がかかることですし、リーダーにも会社への理解が求められますが、ミスはチーム1人ひとりが成長する大切な出来事だということが、対話を通して実感できるはすです。

しくみ30　メンバー同士の親近感を作りたい

全社員のプロフィールがわかるメンバーディレクトリを作る

　名前と顔を知っているだけでは、その人に共感や親しみ、興味は持てないものです。会社でも、社員同士のことを知る機会がなければ、メンバーを思いやる行動を起こしたり、信頼関係を築いていったりするのはむずかしいでしょう。職場で信頼関係が築かれていなければ、ちょっとした連携ミスが、大きなトラブルにも発展しかねません。

　ディズニーでは、メンバーがお互いのことを知り、共感や親しみを持てるようにWHO'S WHOという**組織の全社員のプロフィールを掲載したメンバーディレクトリ**（ディズニーの場合は冊子）を作っています。

　ここには、**名前や社内での所属**、**出身地**、**趣味**、**特技**、**家族構成**といった情報の他、「**30年後のあなたは何をやってる?**」「**あなたの夢は?**」「**あなたが死ぬまでにしたいことは?**」といった問いに対する答えが記載されています。

　ディズニーの日本の組織の社員はおよそ3000人。アルバイトや非常勤の人たちを含めると約3万人にもなります。同じ部署で働いたことがある人、仕事で関わったことがある人

は、その人となりを知ることができますが、それはほんのわずか。そのため、情報があるだけで、人間関係を築きやすくなりました。「経理部門に〇〇さんという人がいるから、その人のところでこれを確認してきて」と上司に言われたときは、「WHO'S WHO」で経理部門の人の情報を確認してから話をしに行ったものです。仕事で直接関わりがなくても、「WHO'S WHO」で共通点を見つけて、仲良くなった例はずいぶんありました。

リモートワークでの関係性構築にも効果的

　ここ数年は、リモートワークなどの新しい働き方を導入する企業もずいぶん増えてきました。直接会ったことがないまま、電話やメールを使って一緒に仕事をするような例も、これからは増えていくでしょう。

　今は、オンラインで閲覧できるようにデータベース化したり、コミュニケーションツールを使ったりしてメンバーの情報を共有する方法もあります。社内SNSを使ってリモートのメンバー同士の交流を図っている企業も多いと聞きます。会社全体でまとめるのが難しければ、チーム内でメンバーディレクトリを作ってみるといいでしょう。

　ただし、組織の中には、個人的な情報を公開したがらない人もいると思います。トラブルを防ぐためにも、差し支えのない情報を記載するよう心がけてください。

しくみ31 口論ではなく議論をさせたい

論点を整理して、本質的な論点に導く

　仕事をしていると、意見が割れて激しい議論になることはよくあります。よくあるのは、せっかく出てきたアイデアを否定して打ち消そうとしたことから生まれる論争です。人間関係を悪化させるような誹謗中傷の飛び交うケンカは良くありませんが、組織を発展させるための議論は、時には必要です。

　ディズニーでは、仕事で必要な議論のことを**ライト・ファイト（正しい論争）**と呼びます。言い合いになったとしても、前向きなぶつかり合いはOK。前向きな議論がどんどんできるように、リーダーは火をつけてかまわないというスタンスです。

　一方で、事を収めるのもリーダーの役割です。意見が対立したときは、**リーダーが間に入り、まず論点を整理し、本質的な論議へ導く必要があります。**メンバー同士で責め合う口論ではなく、組織を発展させる議論にするために、ファシリテートしていきます（157ページ図22参照）。

　たとえば、「どういう点に対して、どう思っていたら、そ

の問題が発生したのでしょうか？」「今、優先順位が高いのは何でしょうか？」とメンバー1人ひとりから聞き、1つひとつ解決していきます。

ホワイトボードを使って議論の内容を整理すると、話がまとまりやすくなることもあります。**論点を言葉で書き出したり、図や写真を使って話したりすると、論点がずれることを防げます。**

論点を整理していくときに注意したいのが、**メンバーのうち、「どちらが正しい・正しくない」とリーダーが軍配を上げること**です。メンバーの話を一方的に否定したり、論点をはっきりさせずに喧嘩両成敗のような対処をしたりすると、メンバー全員から信頼を失いかねません。声の大きい人ほど優先される傾向がありますが、そうならないように、リーダーはメンバーが公平に意見を出せるように導かなければなりません。

文句ばかり言う人や、自分の論点に執着してしまう人には、「あなたの言うこともわかりますが」と諭しながら、「今、とにかく大切なことは、"ゲスト（客）のため"という論点。そこを最重視、再認識して考えなくてはならない（ゴールの整理）」ということを伝えます。

論点がずれて、論争になってしまうときは、おおむね、物事を多くの視点や角度から考えてしまい、収拾がつかない事

図22 論点を整理する方法

① 主張の整理

主張者の主張の論点を、ホワイトボード等を使って可視化する。単語やキーワード、矢印や記号で表現すると、ポイントが明確になる。

② 言葉の整理

主張を可視化していくと、言葉は違えど、同じ主張をしていることがある。主張者が使う特定の言葉、単語の意味を確認し、ここで再定義すると、論争のポイントが明確になる。

> **例**「ディズニーランドと雪景色」「積雪におけるゲストの問題」「屋根上、樹木に積もる除雪」「入園時間の遅延、中止」など

③ ゴールの整理

議論の最終的なゴールを改めて全員で確認する。いま「何」をすべきであるのか、「どこ」を目指さなくてはならないかなど、全員のゴールを確認し、ここで再定義する。

> **例** ゴールとなる「アドベンチャーランドおよびウエスタンランドの積雪をすべて除雪して『雪の無い世界』にすること」などを、目立つように赤マジックなどで書く

④ 行動の整理

主張者それぞれがおこなう行動を具体的に決める。行動の連続の先にゴールへの到達があることを再確認し、徹底させる。

> **例** ①除雪（日の出時間6:45予定）②集雪場所の設定③除雪トラックによる搬送（10:00〜）など、具体的な作業内容、時間、担当者などを示す。情報を一元化し、解決に向けた具体的なアクションを開始する（論争の終結）

態になっています。

　そのため、リーダーは、正しく論争に導くためにも、その
論点を**「ゲスト（客）のため」という視点に戻す**のがポイン
トです。

正しい議論はチームの結束力を強くする

　以前ディズニーで、大雪が降ったときに「雪かきをどうす
るか」問題で激しい議論が起こりました。一部のキャストは
「ゲストが歩くルートだけ除雪すればいい」と主張し、別の
キャストは「雪が降り続けているので、雪かきをしてもムダ
だ」と反論しました。前夜から続く大雪の中、まだ暗い早朝
から議論は続き、前代未聞の事態にキャストは混乱していま
した。

　しかしリーダーは、議論が交わされる中、ほかの人のさま
ざまな意見を整理したあと（主張の整理）、最後にこう切り出
しました。

「ディズニーランド内のアドベンチャーランドは、アジアや
アフリカ、南国の島やニューオーリンズなど複数の文化をテー
マにしたエリアで、ウエスタンランドはアメリカ西部の開拓
時代をテーマにしたエリア。いずれも雪景色にはそぐわない
場所です。ゲストにその時代や場所にいる体験をしてもらう
ためにも、**すべての雪を除去してください**」と私たちに指示
しました。

　論点を整理して、ゴールを明確にしたうえで、「ゲストのために」という視点で、淡々と指示されたことを今でもよく覚えています。

　その結果、雪にそぐわないエリアからは雪をすべて取り除き、オープン時刻を午前９時から午後１時に変更するという対応になりました。オープンのときには雪も止み、この２つのテーマエリアだけ雪のない世界になりました。

　このことで、ディズニーランドの世界観を守るキャストの徹底ぶりがゲストからも評価され、雪かきに参加した全キャストは改めて「最初その指示を聞いたときは耳を疑ったけど、全員一丸となってやってみて、ゲストの驚きの声を聞いたときは本当に良かった」という達成感を得ました。

　リーダーが、メンバー同士が本音を言い合える空気を作り、「ライト・ファイト」に導くことができれば、チームは１つになります。

　とはいえ、**最終的に進む方向はリーダーが決めること**です。**支持者の多い意見を採用するのではなく、リーダーがその経験や企業理念と照らし合わせて、目的やゴールを見失わずにベストな選択をし、メンバーにていねいに説明・指示し、進めていかなければならない**のです。

　議論の仲裁をするのは配慮を要しますが、メンバー同士が揉めているときこそ、リーダーの活躍の場だと受け止めて、前向きな気持ちで乗り越えてください。

ゲストレターの真意を チームで話し合う

　ディズニーでは、ゲストレター（お客様からの手紙）を大切にしています。「お客様」にあたるのは、**パークに来る人だけではなく、関連部署や取引先の人たちも含んだ、仕事で関わっているすべての人**です。

　レターには、メール、ハガキ、封書だけでなく、業者間の業務報告書のコメントも含まれます。もちろん、賛辞もあれば苦情もあります。

　リーダーはミーティングのときに、集まったゲストレターを読み上げ、思ったことを述べたり、他のメンバーのとらえ方を共有したりします。全員参加のミーティング時に、リーダーが1つの課題（アジェンダ）としてとりあげ、メンバーみんなで、1つひとつのコメントの理由や背景を話し合います。自分たちの仕事に対するリアルな反応をきっかけに、**自分の仕事について深く考えることが、メンバーにとって意味のある体験になります**。

ディズニーでていねいなサービスができる理由

　ゲストレターについて１つひとつ話し合うのは、ディズニーに、**情報は量ではなく質が大切**という考え方があるからです。

　新聞やテレビ局の世論調査で、「80％の人は＊＊＊＊という意見、10％の人は＊＊＊＊という意見です」といった結果が発表されることがあります。こうした発表からは、多数の意見と同じでなければならないような圧力が感じられます。

　しかし、ディズニーではそうした**意見の数によって良し悪しを決める考え方はありません**。どんな状況でもインサイト（ゲストの隠れたニーズや行動の背後にある動機）を想像し、正確に把握したうえで、それに対応していくことが大切という考え方なのです。

　こうした取り組みを続けていくと、**まわりの人のことを想像し、背景を考え、プロとして求められていることを推察しながら日々の仕事を進めていく習慣が身につきます**。毎回リーダーがゲストレターを紹介するのではなく、ゲストレターをみんなに共有する係を持ち回りにして、週に１度、朝礼で発表するのもいいでしょう。ゲストレターは、きちんと情報として残し、ナレッジにしていってください。

人が集まる場所に メモリアルなものを飾る

　第1章では、企業の原点や哲学・理念を社員に教える大切さについてお伝えしましたが、**チーム意識**（チーム全体の目標達成や成功を優先する意識を持つこと）を高めるうえでも、やはり企業の原点や理念に触れる機会は増やしていきたいものです。

　特に、**人が行き交う場所（廊下・階段）や集まる場所（会議室・応接室）などには、会社の歩みや哲学を象徴する写真、言葉、商品などを飾っておく**といいでしょう。社内で自然と会話が生まれ、来客にも会社のことを知ってもらえます。

　ディズニーの本社の廊下には「Happy Birthday, Happy Un-birthday（誕生日おめでとう。何でもない日もおめでとう）」という、ウォルト・ディズニーの言葉がパネルにして飾られています。

　この言葉には、「良いことがあった日は、まわりの人に感謝するのはもちろんのこと、特別何もない日でも、小さなことにも改めて感謝をしよう」というメッセージが込められて

います。

　ディズニーの社内には他にも、ディズニーランドがオープンした日のテープカットの写真、ディズニーランドができる前の更地に会社の幹部が集まっている写真、パーク内で初めて売り出されたポップコーンのパッケージなども展示されていました。飾られているものにはそれぞれ思い出があるので、メンバーとは会話が弾んだものです。

これまでの歴史も会社の貴重な財産

　創業時には必ず「**最初の一歩**」と呼べるような出来事、経営者の強い思いがあったはずです。そうしたものを集めて会社に飾っておくと、会社の歩みがメンバー全員に伝わります。

　社内にそうしたものが見つからない場合は、これから少しずつ集めて、展示していってください。

　社内で記念イベントをおこなったときは撮影しておくといいでしょうし、会社やメンバーが表彰された場合は賞状や新聞記事などを保存しておくといいと思います。160ページで紹介したゲストレターでもいいかもしれません。

　小さなことですが、メンバーで会社の歩みを振り返ることができますし、さまざまな人との関わりの中で自社が存在し、社会の役に立っていることが実感できるはずです。

リーダーから
自己開示をする

　仕事上の人間関係は、本音と建前でいえば、建前を大事にするものです。多くの人は、相手の気分を害したり、相手を怒らせたりしないように注意してふるまうと思います。

　ところが、こうしたコミュニケーションだけでは、メンバーどうしの深い信頼関係は築けないものです。特に、リーダーに対する信頼がなければ、いざというときにメンバーが動いてくれない、ということも起こります。大切な人材を手放さないためにも、リーダーとメンバーの信頼関係や、メンバーどうしの信頼関係は深めておきたいものです。

「自分の話をするのは苦手」というリーダーもいるかもしれませんが、**リーダーから自分の経験談を積極的に自己開示していくと、メンバーも自分の本音を話してくれるようになります**。

「自己開示」というと、飲みの席に誘うなど、わざわざ機会を設けて改まった話をするイメージがあるかもしれませんが、そんな必要はありません。会議、メンバーと一緒に食事に出

かけたとき、残業したときなど、ちょっとした隙間時間で十分です。

　話す内容は、個人的な内容でかまいません。ただ、自慢話や武勇伝ではなく、**仕事上の失敗談**や**自分の滑稽な体験**、**しでかしてしまった話**、**弱気になってしまった話**がいいでしょう。メンバーから共感が得られやすいからです。その他にも、自分自身が好きな映画やスポーツ、読んだ本、最近家族で出かけた場所、もらったお菓子の味といったちょっとしたことなどでもいいでしょう。

リーダーの本音に触れて冷静になれた

　ディズニーで働いていた頃、私は結果を急ぐあまりに、随分と強引な方法で仕事を進めてしまったことがあります。その結果、直属の上司や部署の信頼を失いかける事態になり、上司からはオフィス内に響きわたるほどの叱責を受けました。

　その後、上司の指示に従い、相手先の職場に行って管理職全員に謝罪するためオフィスを急いで出たのですが、その際、別のリーダーが私に駆け寄り、一緒に外出用のバッグを持って車に同乗してくれたのです。

　彼は車内で、自身が過去に同じようなミスをした経験やさまざまな失敗談を話してくれました。そのおかげで、私は徐々

に落ち着きを取り戻すことができました。

　彼のサポートがなければ、取り乱したまま仕事を続け、どうなっていたかわかりません。彼にはその後何度も相談に乗ってもらいましたし、頼りになるリーダーができたことで、仕事に集中できるようになりました。

メンバーの本音はどこまで受け止めるべき？

　リーダーは、チームメンバーと信頼関係を深めていくために、あえてそれまでの境界線を越える勇気も時には必要でしょう。

　一歩踏み込んだ信頼関係を相手と築いていきたい場合は、**自分の失敗談や悩みなどを話したあとに、相手に本音やキラークエスチョンを投げる**といいと思います。

　たとえば、自分の失敗談を伝えたあと、「僕は＊＊＊をしてしくじったから、田中さんの話を聞いていたら、そのときのことを思い出しました。そのときは僕は『＊＊＊＊＊＊だなあ』と思ったんだけれど、田中さんはどうですか？」と相手に話を振るといいですね。不格好な自分について本音で話したうえであれば、相手は抵抗なく話してくれるでしょう。

　ただ、リーダーとメンバーの距離が近くなったときに気をつけたいのは、**メンバーが話してくれた本音は絶対に口外しない**ということです。

　よく見かけるのは、みんなが知らないことを知っているうれしさから、冗談半分に一部を他人に伝えてしまうことです。それを知ったメンバーは、すべてを話されてしまったように感じてしまいます。話したことが、間違ったかたちで他人に伝わってしまうと、トラブルに発展することもあります。こうなると、メンバーの信頼回復にはかなり時間がかかります。

　メンバーが本音で話してくれたことはけっして口外せず、少しずつ距離感を縮めていくこと。そうした姿勢がリーダーには必要です。

第 **5** 章

COMMUNICATION

エネルギーが生まれる

しくみを作る

相手が言いたいことを言葉にして返す

　今、世の中のコミュニケーションの在り方は大きく変わってきています。紙の資料から、データで情報を共有するようになった職場も多いでしょう。また、メール以外の、チャット、SNSなどの手段で連絡をとるようにもなりました。

　しかし時代が変わっても、ウォルト・ディズニーが大事にしていたFace to Faceのコミュニケーションは必要だと私は考えています。

　ディズニーでは、コミュニケーションは、大きく分けて3つのレベルがあると考えられています（右図参照）。組織として一番重視しなくてはならないのは、3つめの**「共感・協働」のコミュニケーション**です。

　「共感・協働」のコミュニケーションとは、まわりの人と信頼関係を築き、同じ目的を達成するためのコミュニケーションを指します。このコミュニケーションは、主に以下の3つの効果をもたらします。

図23　コミュニケーションの 3 段階

1

情報伝達・共有（情報や知識を共有すること）

- 業務効率や生産性がアップする
- 知識やノウハウが蓄積される
- 仕事の属人化を防ぐことができる　など

2

主張（感情や意見、仕事の指示や依頼を伝達すること）

- 目的達成につながる
- メンバーの相互理解による信頼関係の構築
- 解釈を間違うと衝突が起きる

3

共感・協働（想いを伝え、共感・共鳴し、行動すること）

- 意思疎通をスムーズにし、信頼関係ができる
- 円滑なコミュニケーションが生まれる
- 歩み寄りの効果があり、組織全体が円滑に動く
- 傾聴力、観察力などが必要になる

1つめは、**組織・チーム全体のパフォーマンスが上がる**ことです。まわりの人に共感し、同じ目的を達成する意識が芽生えると、チームの連携がとれるようになるので、作業スピードが上がり、全体的なパフォーマンスも向上します。

2つめは、**組織・チーム全体の結束力が強まる**ことです。同じゴールや目標に共感、共鳴できるようになると、双方の信頼感が高まり、助け合うという関係性が生まれます。

3つめは、**メンバー1人ひとりに働きがいが芽生える**ことです。1人ではなしえなかったことを組織・チームで達成することによって、すばらしい経験ができます。「自分の働きが人の役に立っている」という感覚が得られます。

ストローク会話法の5つのステップ

ディズニーには、そもそもコミュニケーションの基本は**話すことより聞くこと**という考え方があります。

メンバーと信頼関係を築くためには、「聞く」に重点を置き、会話を**ストロークにしていく**のがポイントです。ストロークとは、相手の話を軸に話を展開して、会話を増やしていく方法です。相手を話の中心に置き、相手が自分でアクションを起こせるようにしていきます。

ストロークの会話には多少慣れが必要です。次の5ステップを繰り返してコツをつかんでください。ここでは、メンバーが自分から話をしてきた場合の会話の展開法を説明します。

ステップ1 話したいことをすべて話させる

　相手が話を始めたときは、相手の目に視線を合わせ、途中で口を出さずに、うなずきながら聞きます。はじめは、話したいことをすべて話してもらいます。声に出して相づちを打ってもらったほうが話しやすい人もいるので、そこは相手を見ながら変えていきましょう。

ステップ2 相手の話にリアクションをする

　相手の話を一通り聞き終えたところで、こちらも「そうなんですね」「初めて聞きました」などと言葉を返します。ここでは、相手の話を否定も肯定もせず、相手の言葉を真摯に受け止めます。

ステップ3 相手の言いたそうなことを言葉にして返す

　話の中から相手の言いたいことを予測し、「あなたは＊＊したいのですね」とこちらが言葉にして伝えます。これで共感の気持ちが相手に伝わり、相手は「自分の話をちゃんと聞いてくれた」ということを認識します。こちらの解釈が間違っていた場合は、事実や気持ちを確認していきます。

ステップ4 「次の行動」を具体化する

　相手に話をさせて、思いやアイデアを引き出すだけでは仕事は進みません。次は、相手の視点を未来の方向に変え、具体的な行動ができるように導いていきます。

たとえば、メンバーからの提案に対しては、リーダーが「あなたの結論としては、新しい業界にも営業の販路を広げたいということですね？」と確認しながら、そこから1つひとつ、「今メンバーができること」を言葉にしていきます。

ステップ5 **相手の行動を褒めて終わる**

最後は「このアクションでどんな結果が出るかはわかりませんが、やってみる価値は大きいと思います。主体的な意見をありがとう」のように、相手の仕事ぶりや考え方、行動力を具体的に褒め、応援する姿勢を見せて会話を終わります。

アクションプランがあればメンバーは納得する

メンバーからの意見を受け止め、自分ではそれを理解し、対処したつもりでいる。ところが、何度も同じことを相談されて、問題が解決しないケースがよくあります。

これは、お互いに相手の伝えたいことを理解しないまま進んでいる、いわゆる膠着状態です。この場合は、**リーダーはメンバーの話を改めてじっくり聞くようにしてください。**メンバーの側からすると、「伝えたいことがまったく伝わっていない」「理解されていない」と感じている可能性があります。お互いにしっかり理解するまで、ねばり強く対話してください。

メンバーの話を最後まで聞かずに、「常識だから」「上が言っ

図24 ストローク会話法の例

ステップ1 話したいことをすべて話させる

部下：最近、体調が良くなくて、仕事がはかどらないのです。特に会社に来ると、なぜか悪くなるんです。病院に行っても、医師からは特に異常がないと言われます。

ステップ2 相手の話にリアクションをする

リーダー：なるほど……。どの医師に診てもらっても、同じように異常は無いと言われるんですね。

ステップ3 相手の言いたそうなことを言葉にして返す

リーダー：朝起きたときは体調はいいのに、会社に来たらだんだんと体調が悪くなってくるのですね。

部下：その通りです。

リーダー：となると、もしかすると社内に何か問題があるのかもしれませんね。人間関係について、何か心当たりはありませんか？

ステップ4 「次の行動」を具体化する

リーダー：仲の良い田中さんには、相談しましたか？　彼女は社歴も長いし、人に対して洞察力もあります。一度、相談してみたらいかがですか？

ステップ5 相手の言動を褒めて終わる

部下：実は…（ここで事情がわかる）

リーダー：そうでしたか。それは初めて知りました。話してくれて、ありがとう。それはたいへんでしたね。よく耐えましたね。

それでは、今日からは私が△△に励みますので、あなたはこれまで以上に、仕事に専心してください。話してくれてありがとう。一緒にがんばりましょうね。

ているから」のような一般論を述べて会話を切り上げてしまえば、おそらく信頼関係は築けないでしょう。

　では、何度も話し合ったにもかかわらず、解決に至らない場合、リーダーとしてどう対処すればいいのでしょうか。メンバーの意見に対して、今すぐGOサインを出せないのであれば、まずは、メンバーがこれからできる**アクションプランや条件を具体的に示し、少しずつ前進できるようにうながします**。このとき、結論を出したり、メンバーの提案はハードルが高いことや、否定する意見を伝えたりしないのがポイントです。

　たとえば、「まず明日は、田中さんに電話をかけ、あなたの正直な気持ちを伝えてみよう。そこでは結論を出さずに、明後日も、同じように電話をかけ、相手の声を聴きながら田中さんの気持ちを確認してみよう。まずは、そこからやってみよう」と伝えて、ハードルを下げて前進させるといいでしょう。

　どの会社でも、それぞれに事情はあると思いますが、大切なのは**メンバーの本音や本当の気持ちを正しく把握し、その思いを具体的な行動に変えていくこと**です。精神論や一般論をもとにした説明で終わるのではなく、メンバーの話の真意を理解し、行動できるまで具体的に説明する必要があるのです。

しくみ36　職場に会話を増やしたい

自分のキャラクターを
わかりやすくしておく

　リーダーは、チームメンバーに頑張って働いてもらうために、職場内に働きやすい雰囲気を作ることも役割の1つです。

　働きやすい雰囲気を作っていくうえでは、リーダーはメンバーにとって「常にオープンな存在」であることが基本です。オープンというのは、おだやかで機嫌が良く、まわりから「話しやすい」と思われる状態です。リーダーが常にいかめしく構えていたら、メンバーから避けられることになり、チームのコミュニケーションも不活発になります。

　リーダーが「常にオープンな存在」であるメリットは、単にチームの雰囲気が良くなることだけではありません。部下から「ちょっと相談しておこうかな」「話しかけてみようかな」と思ってもらえることで、**情報が早く多く集まる**というメリットもあります。

「今進んでいるプロジェクトの＊＊が危ない」や「田中さんと鈴木さんの仲が悪く、チーム内に対立関係ができあがっている」などの情報が早めに届きます。早い段階で情報が集ま

れば、大事になる前に対策を打つことができるので、リスクヘッジにもなるのです。

常にオープンであるためにできること

リーダーがオープンであるための基本は、話しかけられたとき、**相手の顔をきちんと見ること**です。自分がデスクに向かって作業中でも、キーボードを打つ手を止めたり、ペンを置いたりして相手のほうを向くという行動1つで、相手との信頼関係は保たれます。これは相手に対するリスペクトの姿勢です。

作業の手を止めることができない場合は、一度メンバーの顔を見て「申し訳ないけれど、この作業を終えてから聞かせてもらえますか？5分後にお話を聞かせてください」と断りを入れて、話す時間を設けるといいでしょう。

ディズニーで働いていた頃、オープンな雰囲気を作るのが上手な役員がいました。その人は、ソファセットやテレビが備えつけられた、専用の執務室を持っていましたが、昼休みには大きな音でテレビをつけて、同じフロアのメンバーたちがそこでお弁当を食べられるように、部屋を開放していました。

また、この人には送迎や移動のために専用の社用車と専任の運転手がついていたのですが、部下と一緒に行動しなけれ

ばいけない機会があると、「僕の車で一緒に行こう」と部下に声をかけていました。部下の立場からすると、役員の個室に気軽に出入りし、社用車に乗れたことで、役員に信頼されていると感じたものです。

　立場が上になればなるほど距離が生まれやすいので、こうしたオフィス環境の工夫も意識するといいでしょう。

キャラクターをわかりやすくしておく

　いつも機嫌が良く、話しかけやすいリーダーがいいとわかっていても、それを維持するのはなかなか難しいものです。チームメンバーに気を遣わせないためには、**日頃から自分の特徴をまわりに伝えておく**のも1つの手です。

　たとえば、ディズニー社のイマジニアで、世界中のディズニーテーマパークの開業に携わった1人であるマーティ・スカラー氏は、ディズニーのキャラクターのピンバッジをたくさんつけた帽子がトレードマークでした。公式の場に出るときでも、その帽子をかぶっていたものです。

　彼は生き字引のような人で、ディズニーキャラクターや、アトラクション施設、建物を作るにあたって欠かせない特別な存在でした。それにもかかわらず、彼の帽子やふるまいからは親しみやすさや人間らしさが漂い、多くのメンバーが話

しかけたくなるようなオープンな雰囲気がありました。

　自分の好きなモノ、得意なモノ、嫌いなモノ、不得意なモノなどを自分から積極的に公開して、「このリーダーはこういう人」「〇〇好き・〇〇嫌いはこのリーダーの特徴」というイメージをまわりの部下たちに持ってもらうと、メンバーも事前に準備ができます。何より、相手が話題を見つけやすくなるので、グッと話しかけやすくなります。

　職場に自然と会話が生まれるように、リーダーはいろいろと工夫をしてもらえればと思います。

しくみ37　新しいアイデアを引き出したい

拡く・高く・深くで
メンバーの話を発展させる

ディズニーでは、人を成長させるためには、**拡い視点を持たせること、好奇心を持って高い次元から物事を考えさせること、何事も深く探求させること**を目指しており、この「拡く・高く・深く」の3つの方向を大事にするという考え方があります。

172ページのストローク会話法は、この3つの視点がベースになっています。信頼関係を築くときに使うものですが、新しいアイデアや解決策を見つけるときにも役立ちます。

アイデアを見つけるときのストローク会話法

ストロークは、相手の話をもとに、相手に質問を投げかけて会話を発展させていく手法です。アイデアを見つけたいときは、3つの方向性を意識して発展させていきます。

①「拡く」を意識した質問

相手の話を聞いたあと、**他の地域、テーマに近い他のジャ**

ンル、あるいは競合他社へと視点を向けて、話を拡げていきます。

たとえば、「そのテーマは、アメリカではどうなっているんでしょうね」「その商品は、他社ではどう扱っているんでしょうね」という問いかけです。

② 「高く」を意識した質問

相手の話を聞き、①をさらに抽象化したり、本質的な話へと視点を向けたりして、話を高い次元でとらえるようにしていきます。たとえば、「そもそも、それはどういう目的でおこなわれているんでしょうね」「そもそも、その商品はどんな技術でできあがっているんでしょうね」「そのテーマの根本にある考え方はどういうものなんでしょうね」という問いかけです。目的を意識したり、「そもそも」という言葉で考えたりするとやりやすいかもしれません。

③ 「深く」を意識した質問

相手の話を聞き、そこからアイデアを実現する方法や課題に視点を向け、内容を掘り下げていきます。

たとえば、「そのアイデアを実現するには、どうしたらいいんでしょうね」「課題はどうクリアしたらいいんでしょうね」「技術的にはどうすれば実現するのでしょうね」という問いかけです。

図25 アイデア出しでのストローク会話法

① 「拡く」を意識した質問

● これは、海外ではどのように展開していますか？

● 逆に、男性のマーケットでは、どのように対応していますか？

● 同じことを飲食業界で考えてみると、どのようになりますか？

● 競合他社のA社やB社は、何か対策を講じていますか？

● ターゲットを限定するのではなく、逆に広げてみてはいかがですか？

② 「高く」を意識した質問

● それは単に値づけだけの問題ではなく、価格の見せ方の問題ではないのですか？

● そもそも、今は時代的に＊＊の傾向があります。だから、これも同様にしてみては？

● そもそも、今のマーケットは、何に関心を抱いていると思いますか？

● そもそも、それらをむしろ一度、すべてなくしてみたらどうなると思いますか？

● この業種にも、同様に＊＊＊を導入してみたら、どうなりますかね？

③ 「深く」を意識した質問

● ファッションって、何のためにあると思いますか？

● 子ども服には＊＊の考えがあります。この＊＊の考えを導入してみたら、どうなりますか？

● むしろ、色の概念を変えてみたら、どうなりますか？

● むしろ、「販売する」のではなくて、「貸し出す」という概念はいかがですか？

● 原点に返って考えてみると、やはり＊＊という視点が大切に思えませんか？

新しいアトラクションもストローク会話法から

　この3つの視点での問いかけが新しいアイデアにつながった例の1つが、逆向きに走るジェットコースターの開発です。

　打ち合わせでは、まず「高い」視点で、「そもそも、ジェットコースターって、どこがおもしろいのかな。どうしたら、もっとおもしろくなるのかな」という問いかけをしました。

　すると、ジェットコースターのおもしろさは、「スリルがあること」という答えが、メンバーから出てきました。さらに視点を拡げてみると、「後ろ向きに走らせると、もっとスリルが得られるのでは？」というアイデアが出ました。

　「深い」視点では、「技術的には、どうすれば実現できるかな」という問いかけから検討を繰り返し、後ろ向きのジェットコースターの実現に漕ぎつけました。

　ストローク会話法ができるようになると、**今の状態から視点を変えて、新しい一歩へとつなげられるようになります**。この視点は、会話だけでなく、人材育成全体を通して役立つものです。リーダーはメンバーとの会話を通して、身につけていってほしいと思います。

しくみ38　メンバーに納得して動いてもらいたい

ゲスト目線や相手の視点でアドバイスする

　ていねいにアドバイスをしても、それがメンバーに腹落ちしていなければ、アドバイス通りには動いてくれません。**前向きに返事をしていたとしても、実際に動けていなければ、リーダーのアドバイスは伝わっていないということ。**

　では、どんなアドバイスをすれば、相手が自然と動けるようになるのでしょう。コミュニケーションにおける大切なポイントは、**ゲスト（お客様）の視点に立てるエピソードや自分が体験したエピソードをもとにアドバイスをすること**です。理屈を話しただけでは、自分の身近な問題としてとらえられないものです。エピソードをまじえて伝えると、場面がリアルに浮かび、メンバーの心に強く残ります。

リーダーの一言でゲストの視点に立てた

　私がディズニーランドのショップで働いていたとき、ゲストが店に入って一番に目につくところに、ミッキーマウスとミニーマウスの半円形の800円ほどのポーチが置かれていま

185

した。けっして高価でも、豪華でもなく、正直イケてない商品でした。

　ゲストはこの商品を手に取るのですが、実際に購入する人はほとんどいません。さらにキャストが商品をきれいに並べ直さなければならないので、手間もかかりました。

　そのときの私は「ゲストが店に入って一番に目につくところには、一番売れる商品を置くのがいい。そうすればゲストも喜ぶし、店の売上も上がって、みんなハッピーになる」と考えていたので、一番人気がある1600円ほどの光り輝くディズニーグッズに置き換えました。当然、よく売れ、店の売上、ゲストの満足度も上がったように思えました。

　ところが、リーダーがその結果を見て、私に言ったのです。「あなたは仕事がわかっていないね」と。さらにこう言いました。「あなたはディズニーランドが自分の職場だから、毎日当たり前にここに来ている。けれど、来園されるゲストは、半年前、1年前から計画を立てて、ずっと前から楽しみにして、ここに来ているんじゃないか？　そういうゲストが、店に入って最初に見たい、感じたいものは何だと思う？」と。

　リーダーのこの言葉には衝撃を受けました。自分がディズニーランドを訪れるまでのゲストの生活を、リアルに想像できていないことに気づかされたからです。

　ミッキーマウスとミニーマウスは、ディズニーのスター。

もともと置いていたポーチは、ディズニーランドを象徴するような商品です。リーダーは私に言いました。「この商品を店頭に置くことで、来店してくださるゲスト1人ひとりに、あなたに代わって『ディズニーランドによく来てくれたね』とあいさつをしてくれているんだよ。ゲストはまず、その気持ちが一番ほしいんだよ。商品はその次なんだ」と。

　グッズの1つひとつにメッセージがある。ただ売れればいいという考えで店作りをしてはいけない。ゲストの本心をもとに、サービスをしなければならないと思った出来事でした。

\ POINT /
出来事に教訓を添えたエピソード集を作る

　私自身はディズニーで働いていたときも独立してからも、人材教育に携わってきたという経験から、いろいろなエピソードを話す場面が多くありました。その過程でたくさんのエピソードを覚えているので、特に記録してはいません。

　人に話す機会があまりない人は、「メンバーにアドバイスするときに話せるエピソードだな」と感じた出来事はメモをして、エピソード集としてまとめておくことをおすすめします。

　自分のとらえ方、そこから得た教訓、メンバーに話すときのアドバイス、といったことも記録しておき、振り返るといいでしょう。

「もっと」で仕事を 深掘りさせる

　どの会社でも、全員が毎日やる気満々というわけではありません。同じことを繰り返していると、良くも悪くもそれが当たり前になり、「ひと手間かけること」や「新しいことをやること」が億劫になる瞬間が訪れます。マンネリズムです。

　そんな空気を打破するのは、**ひと手間かけたことを誰かに喜んでもらえる経験**です。会社やリーダーが、そうした経験ができる機会をたくさん用意できれば、メンバーどうしのコミュニケーションが生まれ、1人ひとりの良いエネルギーが社内に広がります。

　ディズニーでは、「WHY？（常に現状を疑え）」という問いかけの言葉が本当によく使われます。

　この根本にあるのは、ウォルト・ディズニーの「ディズニーランドは永遠に未完成」という考えです。「仕事は永遠に100％完成することはない」ということなのです。この考え方がきっかけで、組織改革がおこなわれたり、新しい商品や新しいサービスが誕生したりすることもよくありました。

ひと手間かけても仕事をおもしろくしたい

　ディズニーのパークでは、掃除を担当するスタッフを「カストーディアルキャスト」と呼びます。このキャストが、地面に溜まった雨水を絵具代わりに、ほうきを筆代わりにして、ディズニーキャラクターの絵を地面に描く「カストーディアルアート」は、今ではパークの名物です。

　このアート活動のきっかけになったのが、秋によくおこなわれていた落ち葉の掃除でした。パーク内の落ち葉を効率良く掃除する方法は、マニュアルに記載されています。柄の長いブラシを使い、外側から内側へ、自分自身が左回りに円を描くように動きながら、落ち葉を集めていくのです。

　この方法で落ち葉を集めると、落ち葉の山が３つできます。
　ある日、キャストたちの間で「あれ？　これミッキーの顔と２つの耳に見えない？　なぜ、今まで気づかなかったんだろう？」という話になりました。３つの落ち葉の山が、ミッキーマウスの顔の形に見えたのです。

　そこで、お客様に"落ち葉のミッキー"を見せたところ、とても喜ばれました。キャストの「なぜ、お客様がハッピーになるちょっとしたことをしていなかったんだろう？」とい

う話から、やがてカストーディアルキャストが地面に描く
"アート"へと発展していったのです。

　掃除をしながらお客様にアートを見せるのは、働く側にとっ
ては手間のかかることです。
　でも、ディズニーには「仕事は永遠に未完成だから、もっ
と完成に近づけよう、そのためにまだできることがある」と
いう考え方が組織に浸透しており、お客様に喜んでもらえる
場があります。キャストにとっては、そのひと手間は「かけ
る価値」があることなのです。

　「もっと良くできないかな？」や「このままでいいの？」な
どの「WHY」を常に問い続けることは、慣れるまでは実に
体力、気力のいることです。
　しかし、1人ひとりがこうした意識で行動し、習慣化すると、
これが組織の「当たり前」になり、会社のサービスのレベル
が上がっていきます。そうした質の高い仕事の中にこそ、や
りがいや、次につながる大きなチャンスがあるのだと私は思
います。
　まずは、「なぜ？」「もっとできるんじゃない？」というメン
バーのアイデアから始まる行動をリーダーがうながし、実
践できる職場にしていってほしいと思います。

しくみ40　**メンバーの提案にうまく返したい**

必ず「あなたならどうやって実現する？」と返す

メンバーが、「こんなことを試してみたい」といったアイデアを持ってきたら、あなたはいつもどう対応しているでしょうか。

ディズニーでよく使われる言葉に、「**ブルースカイ（アイデア・思考）**」と「**フィージブル（実現性）**」があります。

ディズニーでは、「何かを思うこと」「アイデアや思考を持つこと」そのものを大事にすると同時に、そのアイデアをどう実現させるかも大事にしています。

メンバーが「新しいことを試してみたい」「こうしてみたらどうですか？」というアイデアを持ってきたら、「**それは、どうやったら実現できるかな？**」とリーダーが問いかけ、できることを見つけていきます。具体的な行動をするからこそ、仕事は前進するのです。

できることからスタートさせる

時には、単なる思いつきのレベルでメンバーがアイデアを

提案してくることがあります。当然、今すぐ実現しにくいことや、お客様が望んでいるのか疑問であるものもあるかと思います。

しかし、そのときにリーダーが「それはダメ」と突き返すと、アイデアのタネは育ちません。頭ごなしに否定していると、「アイデアを出す行動」そのものをしなくなってしまいます。

メンバーから新しい提案をされたら、「＊＊なんかはおもしろいね。＊＊はすごくいいと思うよ。そういえば最近＊＊も流行ってるもんね」などと言って、**褒めるところから始め、「できること」からやらせましょう**。

気になる部分があれば、「じゃあ、やってみようか。でも、この部分はもっと＊＊＊になるとおもしろくなりそうじゃない？」と提案をしたうえで、メンバーに任せてみるのがいいと思います。

メンバーは、具体的な行動をしたくてたまらなくて提案をしています。**まずは何かしらの行動をさせて、小さなステップ、あるいは小さな成功体験をさせる**ということが大事です。

最初からある程度結論が見えているのであれば、行動しても意味はありませんが、少しでも可能性があるならば、少しだけでもやらせて成功体験を積ませることはとても大事です。

まずはアイデアをポジティブにとらえて、できることからゆっくりとスタートさせる、ソフトスタートから始めてみてください。

しくみ**41**　繰り返すトラブルを止めたい

2つの思考法で
ゴールに導く

　トラブルが起きたときに解決をうながすのは、リーダーの大切な仕事の1つです。しかし、第4章でもお伝えした通り、トラブルが起きたときにやるべきことは犯人探しではありません。やるべきなのは、**トラブルの原因や自分たちが目指すべきゴールを再確認し、再び起こらないようにすること**です。

課題解決では2つの思考法を使い分ける

　大きなトラブルが起きるときは、たいてい社内のメンバーが「自分の仕事は誰のためにしているのか理解できていない」「自分の仕事について何のためにしているのか理解できていない」「目指すべきゴールを理解できていない」という状態になっています。こうした状態を解決したいときは、**課題解決のやり方そのものを見直す**といいでしょう。

　目標達成や課題解決に使う考え方は、大きく分けて2つあります。1つが逆算式の思考法。もう1つが積み上げ式の思

考法です。

　逆算式の思考法は、**設定したゴールから、プロセスを逆算して考え、「今すべきこと」を導き出していく考え方**です。

　すでに明確なゴールが決定しており、具体的にその構成が事前にわかっている場合は、逆算式を使います。

　一方、**積み上げ式の思考法は、目の前にあるすべきことを１つひとつ積み上げて、現状を乗り越えていく考え方**です。積み上げ式の場合は、目の前に課題が山積している状態のときに、緊急性の高いものや、重要性の高いものから１つひとつ手をつけていく解決法です。

　よくあるのが、**トラブルを解決するときに後者の積み上げ式の思考法で対処してしまうこと**です。この方法でトラブルに対処すると、手段ばかりに目を奪われ、仕事の目的や、あるべき姿（ゴール）を見失ってしまいがちです。そのため、何度も似たようなトラブルが繰り返されるケースが多いです。

　トラブルを繰り返さないためには、リーダー自身が本来のあるべき姿・ゴールを明確に把握し、ミスが起きたときの状況から「あるべき姿を目指すプロセスからズレてしまった原因」を特定し、ゴールに近づける逆算式の思考法で指導をしていく必要があります。

図26 2種類の思考法

逆算式の思考法

設定したゴールから逆算してプロセスを考え、
「今すべきこと」を導き出していく考え方

使う場面：ゴールがある程度可視化できているとき。
達成するためには、「今すべきこと」を考えて進める。

積み上げ式の思考法

目の前にあるすべきことを1つひとつ積み
上げて、現状を乗り越えようとする考え方

使う場面：原因が複雑な課題を解決するとき。環境問
題や貧困・少子化問題などの社会的課題の解決に用い
られる。1つひとつ解決してゴールへと導く。

たとえば、トラブルが起きたときはトラブルの内容を聞き、「そもそも、＊＊が原因なのですか？」のように、**その根本原因をリーダーがメンバーに確認します**（148ページのリフレクションの手法を参考にしてください）。そのうえで、部下それぞれの仕事の役割・ゴールを自覚させ、今するべきことを伝えます。

　サポートが必要であれば、それを**実現するための条件**なども具体的に伝えます。そのうえで、「＊＊のトラブルが起きたときは、＊＊が＊＊をやる」という具体的な行動をメンバーに共有し、実行していくと、トラブルが繰り返されることはなくなります。

リーダーの判断で結果は大きく変わる

　たとえば、テーマパークを創るプロジェクト管理であれば、開業目標時期や規模、テーマなどは初めから決められています。これまでの類似事例や実績をもとに、前提条件を逆算して整理していくと、今おこなうべき具体的なアクションとその時期、投入する資産が明確になります。

　しかし、集客増や収益増のための営業施策の検討であれば、達成するための要因が多岐にわたるため、具体的なアクションが見えづらくなります。

　そのようなときは、課題を一度整理して、緊急的な課題や

重要な課題から1つひとつ解決して、一歩一歩着実に進めていくことが大切です。

　その時々の手法の選択によっても、具体的なアクションは大きく変わるので、リーダーのジャッジやメンバーに対する一言はとても大きな意味を持ちます。

　私にも多くの頼れるリーダーが身近にいましたが、彼らのジャッジ1つで、私の仕事の手法も変わりました。何よりも、彼らの的確なジャッジが、大きな結果に導いてくれたこと今でも思い出します。

16ブロックメモで
仕事の履歴を残させる

　仕事はある程度できるようになったけれど、臨機応変な対応ができなかったり、まわりを見て自発的な行動ができなかったりする場合があります。マニュアルを覚えただけでは、リーダーが思うレベルまでできるようにはならないのが実状です。そんなときに役立つのが、**手書きの16ブロックメモとログノート**です。これを使うと、3つの効果があります。

　1つめは、自分の仕事を具体的に理解できるので、**メンバー1人ひとりの動きが機能的になります**。仕事で学んだことを主体的にとらえていく習慣が、実務能力を上げることにつながります。

　2つめは、書くことを通して自分と対話でき、頭の中が整理されるので**心に余裕が生まれます**。

　そして3つめは、記録として残すことで、振り返ったときに自分のした仕事に対して**達成感、満足感を得られること**です。それが翌日の仕事への意欲にもつながります。

　このメモは、手書きをすることに意味があります。脳が活性化されて自ら考える習慣がつきますし、同時に身体で覚えることができるからです。

16 ブロックメモの使い方

　では、メモの使い方をご説明しましょう（ログノートは203ページから紹介します）。A4用紙を、8分の1の大きさに折りたたんだあと広げ、長方形のブロックが紙の表面に8つ、裏面に8つ、計16個できた状態を作ります（201ページ図27を参照）。表面の上段左端に⒜～⒣の8ブロックを作り、裏面には⒤～⒫の8ブロックを作り、書き込んでもらいます。

⒜ 表紙

　ここには、その日の**日時**、**天候**、**特記事項**、**目標**を書きます。特記事項とは、誰かの誕生日や、仕事に影響しそうなことです。たとえば「職場の近くで○○のイベントがある」「3連休の中日で入場者数が○万人に達する模様」「月末の金曜日で道路が混雑しそう」といった内容です。

⒝ DONE（できたこと）

　ここには、その日に**できたこと**、**決まったこと**、**満足したこと**を書きます。

　たとえば「田中さんにメールを送った」「なかなか進ま

かった商談がまとまった」などです。どんな小さなことでも、自分にとっては褒められること、達成できたと感じることを書くのがポイントです。

ⓒ MUST（やることリスト）

ここには、その日に**やらなければならないこと**を書きます。やり終えたものから線を引いて消していきます。この部分は、やるべきことをやり終えたときに達成感を味わうのが目的なので、前日の夜・当日の始業前には書き終えておきます。

ただし、**この仕事をおこなう日に判明したやるべきことはここに書き足さないこと**。やるべきことを次々と増やすと、その日にできないことが出てきて、達成感を味わえません（書き残しておきたいことは、フリースペースに書いてください）。

ⓓ HAND OVER（引き継ぎ・改善）

ここには、**人に引き継がなければならないこと**、**今後改善すべきこと**などを書きます。ただし、「ここはこうしたほうがもっと良くなる」と、**ポジティブワードで書く**のがポイントです。「ここはこうできなかったから良くなかった」というネガティブな表現を使うのはNGです。人の悪口や批判的なことも書いてはいけません。

図27 16ブロックメモに書くこと

A	B	E	F
C	D	G	H

※裏面はすべてフリースペース

Ⓐ表紙

日時、天候、特記事項（記念日、予算、近隣のイベント情報など）、
目標（大・中・小）を書く

Ⓑ DONE（できたこと）

その日にできたこと、決まったこと、満足したことを書く

Ⓒ MUST（やることリスト）

この日にやるべきことを書く。タスクを終えたら、棒線を引いて消
す

Ⓓ HAND OVER（引き継ぎ・改善）

他メンバーへの引き継ぎや改善すべきことを書く

Ⓔ〜Ⓟ FREE（考えたこと・思ったこと）

覚えておきたいことなど自由に書く

Ⓔ〜Ⓟ FREE（**考えたこと・思ったこと**）

　ここは、**仕事中に誰かに言われて覚えておきたいこと**、**自分が感じたこと**や**気づいたこと**、**考えたこと**などを書きます。1ブロックに5〜6項目が目安です。自分の独り言を書いてもOKです。

　仕事中は、この紙を8分の1の大きさに折りたたみ、自分が使いやすいブロックが表に出るようにしておきます。掌^{てのひら}サイズなので、立ったままでも、移動中でも、ペンを取り出せばすぐにメモを取ることができます。

しくみ43　自分の仕事に自信を持たせたい

ログノートで
1日を振り返らせる

　毎日の仕事では、さまざまな出来事や気づきに出会います。しかし、その多くは、何もしなければ時間が経つにつれて薄れ、忘れ去られてしまうものです。そんな貴重な瞬間を記録し、自分のスキルや職業観につなげていく手段として、198ページで紹介した16ブロックメモと一緒に、**ログノート**も活用してほしいと思います。

　仕事中に使うメモは、1日に何度もたたんだり開いたりを繰り返すため、仕事を終える頃にはボロボロになっています。殴り書きをしなければならないときもあるので、読みにくくなっています。そこで、仕事の終わりの時間や寝る前に**ログノートにメモの内容を清書していきます**。毎日のことなので、10分程度を目安にしてください（記入したらメモは捨ててOK）。

　いわば、メモで「情報」を集め、ログノートで「情報資産」にするというイメージです。ログノートは自分の好きな手帳やノートでOKです。

　ログノートには、メモを書き写すだけでなく、自分なりの

言葉に置き換えたり、提案や改善案などを思いついたら書き添えたりするようにさせます。たとえば、「担当役員の秘書と初めて話した→秘書はその役員の仕事の手順やこの仕事にかける想いや願いもよく理解していた→これからは、マーケット事情や具体策の検討以外に、役員秘書にも相談して、役員の思考に合った提案ができるように準備をする」のように、**次の行動を見つける気持ちで書かせるといいでしょう**。

　ログノートは、読み返すことで自分の仕事が積み上がっていることや自分の成長の軌跡を確認できます。それは間違いなく、本人の自信になっていきます。

　面談でも、一緒にログノートを見返していけば、振り返りができます。リーダーもログノートを見て話をすることで、適切なアドバイスができるでしょう。

　なお、メモやログノートと、業務日報では、目的が異なります。メモやログノートは、**メンバーが自分自身のために書くもの**です。**自分と対話しながら、自分と約束をして、それを１つひとつ果たしていく感覚を得ること**が目的です。一方、業務日報は、**チームや上司のために書くもの**です。リーダーやチームメンバーに状況を共有して、指導してもらうために記録するものです。

　リーダーは日常の報告書や記録の活用法を見直し、メンバーにとって意味のあるものにするといいと思います。

しくみ44 「考えすぎて動けなくなる」をなくしたい

２つの質問を使い分け
問題の本質に気づかせる

　メンバーに仕事を任せたものの、仕事の進みが悪いとき、悩んでしまって身動きが取れなくなっていることがあります。そんなときは、リーダーからメンバーに声をかけて、作業が止まっている原因を突き止める必要があります。そのときに工夫したいのが、**メンバーに対する質問の仕方**です。

　質問の仕方には、大きく分けて２種類あります。１つが、**クローズドクエスチョン**です。質問された人が、「イエス・ノー」「A・B」といった二者択一で答えられる質問です。もう１つが**オープンクエスチョン**です。質問された人が自由に回答できる質問のことです。たとえば、「これは何？」「これをどう思う？」といった質問です。

クローズドクエスチョンから始める

　部下が考え込んだり、悩んだりしているときは、いきなり仕事の内容に触れるのではなく、まずは、オフタイムにちょっ

とした話しやすいことを、**クローズドクエスチョン**で触れていきます。たとえば、「お子さんは元気？」「奥さんは元気？」などです。これであれば「元気です」という答えから、自分の話を始めやすくなります。

少し会話をして場が和んだら、次は本題の仕事の内容に触れていきます。たとえば、「＊＊は、取引先の田中さんに確認した？」「確認はメールだった？それとも電話？」などです。

ポイントは、仕事の状態を「いつ・どこで・誰が・何を・どのように」の**４Ｗ１Ｈで事実確認する**ことです。**５Ｗ１Ｈのうちの「なぜ」は、考えないと答えられないので触れません。**

何に悩んでいるのかわからない、自分が悩んでいることに気づかないという相手には、クローズドクエスチョンが気づきの良いきっかけになりやすいです。「できていること」と「できていないこと」を２人で見つけるイメージで質問していきます。

根本原因はオープンクエスチョンで見つける

ただし、クローズドクエスチョンをし続けると、相手が追いつめられているような感覚を覚える可能性があります。

そこで、**相手がひと通り話したあとは、オープンクエスチョンに切り替えていきます。**オープンクエスチョンでは、作業

図28 問題の本質に気づかせる2つの質問

クローズドクエスチョン

リーダー：提出日は知っていたかな？

部下：はい。

リーダー：作業は〇〇までは、できてる？

部下：いいえ。

リーダー：そこまでの現場のデータは把握しているかな？

部下：いいえ。

リーダー：データ集計のやり方はわかる？

部下：そこが、実はあまりよくわかっていなくて…。

リーダー：そうなんだね。それはね（やり方を具体的に教える）。

部下：ありがとうございます。

オープンクエスチョン

● 現場のデータは、いつもどのように作業に反映していたの？

● 現場のデータって、何のために活用していると思いますか？

● この作業が、次にどのように活用されていくと思いますか？

が止まる根本原因を特定していきます。

　たとえば、「なんで今、こういう状態になっているのかな？」「なぜ、お客様はそんなことを言っているのかな？」など、**理由を重点的に聞きます**。その答えに対して、リーダーは具体的にアドバイスをしていきます。

　オープンクエスチョンも、あくまで**原因を見つけるのが目的なので、相手に自分の感情をぶつけるような聞き方にならないよう心がけてください**。

　メンバーに自分で考えさせるために、ビジネスシーンでは、リーダーはオープンクエスチョンで導いていくべきだという意見もあります。オープンクエスチョンを使ってもいいのですが、ケースや相手との関係性によっては、威圧感を与えたり、相手からうまく答えを引き出せなかったりする場合もあります。リーダーの想定通りの答えが返ってこない場合、話が別の方向に広がってしまいやすいので、まとめるにも工夫が必要です。

　ある程度クローズドクエスチョンで進めていくほうが、話が脱線せず、目の前のトラブルに対してシンプルにアドバイスができます。立ち止まらずに動いてもらうために、気持ちのいいコミュニケーションになるよう心がけていただければと思います。

しくみ45　不必要に傷つけないように注意したい

> **GEPE ルールで**
> **叱る**

　メンバーを叱るべきであろう場面がでてきたものの、どのように叱ってよいものか、悩むリーダーは多いでしょう。

　寝坊をして始業時間に遅れるというような、明らかに本人に責任があり、本人もそれをわかっている場合は、「次から気をつけてね」という一言を真剣に伝えれば済みます。

　ところが、それが何回も繰り返されていたり、仕事のゴールがわかっていなかったり、自分が悪いことを認識していなかったりする場合は、リーダーが理解させなければなりません。ディズニーでは、こういうときは次の<u>「GEPE（ゲペ）」</u><u>ルール</u>をもとに相手に指導をします。

1　G（GOAL）　目指すべき姿を共有する

　この本で何度もお伝えしている通り、叱る場合もまずはゴールである「**あるべき姿**」を言葉にして伝えます。どういう目的で、どのような状態を目指して、自分たちは仕事をしているのかを、話をしてきちんと共有するということです。

2　E（EARLIER）　すぐに対処する

　次に大切なのは、「**1秒でも早い対応**」です。時間を空けると、部下に真剣な気持ちや緊急度が伝わりません。トラブルが起きたらなるべくすぐに、その場で対処するのが鉄則です。

3　P（PROCESS）　プロセスから改善点を見つける

　3つめは、結果と同時に、プロセスを見たうえで、「**次の行動**」を教えることです。トラブルは、さまざまな条件が重なって起きるものです。そのプロセス1つひとつを振り返り、改善点を見つけて注意しなければ、何度も同じことが繰り返されます（振り返り方は148ページを参照）。

4　E（EPISODE）　「自分ごと化」させる

　4つめは、これも何度も紹介している通り「**エピソード**」をまじえて話すことです。自分ごと化してもらうと同時に、「失敗をするのはあなただけじゃない」と伝えることにより、孤立感を感じさせないようにするためです。自分のことでも、他のメンバーのことでも、**失敗をきっかけに変われた、成長できたという前向きなエピソード**を最後に伝えましょう。

　大切なのは、リーダー自身のふるまいも、この4つのポイントをクリアしていなければならないということです。部下には厳しく指導するのに、リーダーがまったくできていないという状況では、どんなアドバイスも相手に届きません。

しくみ46 **仕事の目的を理解してもらいたい**

ビジュアライゼーションで ゴールを言語化させる

　仕事の目的やゴール、あるべき姿を伝える大切さは、これまで何度もお伝えしてきました。

　ここで紹介するビジュアライゼーションは、ゴールやあるべき姿をチームメンバーと話して言葉にし、手段の目的化を防ぐ方法です。これは、チームメンバーの思い描くゴールが会社の方針や企業理念とずれていると感じたとき、チームにまとまりが感じられないとき、ギクシャクしているときにおこなうと、方向性が明確になり、まとまりが生まれます。

イメージを言葉にさせるリーダーの質問

　ビジュアライゼーションをおこなうときは、チームメンバーを集めて、**メンバーが抱いている仕事のゴールのイメージを**言葉にしていきます。リーダーは、メンバーが言葉にしやすいように、積極的に質問を投げかけていきます。

　メンバーから活発な発言が出ないときは、リーダーが自分の持っているイメージに近い写真や絵などを見せて、「＊＊

＊＊は、こんな空間だと思いませんか？」「細部はどんなイメージか、もっと想像してみようよ」などとテーマを深掘りする質問を投げかけていくといいですね。

ディズニーランド開園当時は、「絶えることのない人間讃歌の聞こえる広場を作る」という目標を掲げていました。そのときに、「人間讃歌の聞こえる広場」を理解するために、チームメンバーとビジュアライゼーションをおこないました。

右の図のように、リーダーが投げかけた質問に対して、頭に思い描いたことをすぐ言葉にしてもらい、リーダーがイメージを作り上げていくような感じです。

この結果、「スキンシップ」「全員、スマイル」「アイコンタクト（目線が合っている）」「カジュアルな恰好」など、さまざまなキーワードがメンバーからあがってきました。これらの光景は、メンバー全員まだ目にしたことはありませんでしたが、共通認識としてメンバーのなかに落とし込むことができました。

このプログラムは、一見すると夢物語を話すように思えますが、ゴールを全員で共有するにはとても効率的な手法です。リーダーはメンバーを全員参加させ、想いのままに発言をさせて、１つの共通した景色をみんなで作り上げていく作業がとても大切です。

図29　ビジュアライゼーションのやり方

例

リーダー：ディズニーランドの目指すべき光景って、「人間讃歌の聞こえる広場」なんだけど、みんな、どんな光景だと思う？

A：そもそも、人間讃歌って何ですか？

B：簡単に言うと、"人間に生まれてきて良かった"って、ことでしょ。

C：人間に……って、なかなか考えたことないですね。でも、そう言われると、私はやっぱり……子どもと一緒にいるときかな？

D：つまり、家族ってことだよね。僕なんか結婚をしていないから、それはよくはわからないけど、気の合う仲の良い友だちと話していると、本当にこいつらと出会えて良かったって、うれしく思う瞬間があるね。

A：つまり、うれしい瞬間ってことなんだね。となると、そこで聞こえる音って、笑い声や拍手の音、軽快でご機嫌な音楽だったりするんだね。

（ここからイメージを集めていくと、「家族が横一列に並んでいる姿」「よちよち歩きの子どもの手をとり、横一列で歩いている後ろ姿」などの話になる。次のようにリーダーがまとめて終わる）

リーダー：みんなに話してもらったことについて、キーワードをまとめてみました。みんなのコメントを聞いていると、みんなもその光景がよくわかったと思います。私たちの仕事は、各々が、仕事や作業の中で、こういった光景を"ゴール"とイメージするということです。理解できましたか？

〈ポイント〉
・「○○、って？」と何気ない言葉を深掘りして、日常の場面を思い浮かぶようにする
・正解のない会話なので、1人でも多くからコメントをもらう
・会話を前へ進めていくためにも、正誤の判定をしたり、解釈をしたりせずに、前向きに進めていく
・さまざまな観点からのコメントを歓迎する
・コメントを視覚化し、出てきた言葉を見ながら進めていく（人の顔色は見ない）

»

別の側面からも考えさせる

　仕事の場では、お客様からのクレーム、トップの急な方針転換、他部署との意見の衝突など、想定していないことが起こることがあります。ディズニーでは、そうしたハプニングは、絶好の学びのチャンスととらえています。

　ウォルト・ディズニーの言葉に「Happening is a happy event.」というものがあります。これには「**どんなハプニングも、うれしいことだと思いなさい**」という教えが込められています。

　とはいえ、ただ待っているだけでは、ハプニングを前向きなものとしてとらえることはできません。チームにそうした考え方を浸透させて、急な変化に寛容な空気を作っておくことで、いざハプニングが起きたときに乗り越えることができるのです。

日頃から考える習慣を作っておく

　ハプニングを学びとしてとらえる考え方をチームに浸透さ

せるには、リーダーが日頃から、トラブルが起きたときに「**ハプニングは、チャンスですよ**」ということを言葉にして何度も伝えておく必要があります。

　また、日常でも、さまざまな社会環境の「変化」に敏感になるようなコミュニケーションをとっていると、不測の事態に対するチームの感度が上がっていきます。

　たとえば、先の新型コロナウィルスの感染拡大についても、悪い面ばかりとらえてしまうと、先行きが暗くなる一方です。こうした事態にこそ、リーダーから自分たちには何ができるか、何をすべきかを考えることが大切です。「No rain, No rainbow（雨が降らないと、虹は出ない）」のように励まし、悪い状況に圧倒されずに"逆転"の発想を持てるように、アイデアをうながすといいでしょう。

　コロナ禍でも、IT技術を発展させた企業、新しい勤務形態の広まりから新たなアイデアを見つけた企業もあります。

　物事は表裏一体なので、リーダーから常に両面でとらえる思考回路を持ち合わせたいものです。

リーダーこそ「考えること」を忘れない

　私がディズニーリゾート全体に関わる各社の人材教育を担当していたころ、テナント店舗を含めた約120店舗が集まる商業施設で、すべての店舗の方々に集まってもらい、ディズ

ニーのキャストたちと同様のサービスをお客様に提供するように教育・指導をしていました。

　衣料品販売のとある会社も、そうした店舗のうちの1つでした。当時、その店舗の最先端のアメリカンファッションは大人気で、ショップのメンバーたちもみんなファッショナブル。思い思いのファッションはとてもカッコよかったものです。

　しかし、ディズニーでは「日本人の髪は黒、男性の髪は耳にかからない長さ、サングラスはNG」という身だしなみに厳しいルールが定められています。ディズニースタンダードを研修で店舗メンバーに伝えたところ、そのメンバーがこう言いました。「私はそのテナントの理念やファッションセンスに憧れて入社しました。ディズニーに入社したわけではありません。だからそんな恰好をするのはイヤです」と。

　ディズニーにディズニースタンダードがあるように、その店にも自社のスタンダードがあります。それを学んだ人が、「ディズニーリゾート店」で働くため、スタイルを変えなければならないとなると、抵抗を感じるのはもっともです。

　そこで私は、自分の中にある常識を振り返り、「見た目とは何か？」「見だしなみとは何か？」「第一印象とは何か？」「なぜ、茶髪はダメなのか？」「なぜ、ヒゲはダメなのか」を再度考えてみました。

　その後、各テナント店舗にも接客におけるストーリーやコンセプトを再定義してもらい、1つひとつ双方で確認していきました。

　最終的には、この店舗で採用されていた、ひげやサングラス、ロングヘアー、派手な化粧などは、コンセプトの表現には必要不可欠なものという意見にまとまり、それぞれの手法を理解したうえでお互いを尊重し、それぞれの運営を図っていくという結論になりました。

　異なる企業や異なるメンバーが集まり、同じ場所でお客様にサービスを提供するには、**「理想の社会」や「理想のサービス」について共通認識を持ち、共感し合っていなければなりません**。

　自分の常識と異なる意見が出てきても、正面から反発するのではなく、耳を傾け、**もう一度考えてみる**。この**相手を理解しようという姿勢そのもの**が、変化に強いまとまりのあるチームを作る大切な一歩になります。

　ハプニングを新しい学びや発見のチャンスととらえるためには、日頃からメンバーにそう感じさせるような環境を作っていってほしいと思います。チームが「ハプニングは新しい発想を生み出し、何かを発見できるチャンスになる」と前向きにとらえていると、高い目標を掲げても「できる！」と思って積極的に行動してくれるようになります。

一緒に答えを
見つける対話にする

　職場では、一生懸命なメンバーに対して、リーダーが台無しにする発言をしたり、メンバーからの提案に対して論破しようとしたりする場面があります。メンバーよりも経験があるぶん、メンバーの考えていることがわかって、つい口を出したくなるのでしょう。

　しかし、上下関係があっても、相手をわざわざ不快にさせる必要はありません。ふだんの会話はもちろんのこと、指導では**伝え方**や**表現のクセ**に気をつけてほしいと思います。

　リーダーの中には、自分が上司からされてきた指導をそのまま部下にもしてしまう人がいますが、今の時代に合ったやり方なのかどうか、一度振り返る必要があるでしょう。

提案や指示はていねいな対話のうえで

　指導をするときは、不快感を与えるのではなく、**希望を与える伝え方をするのが基本です**。メンバーから相談や報告を受けたり、意見をもらったりしたときは、**すぐに相手の話を**

図30 「答え」を探しながら対話する

部下：この目標を実現するためには、＊＊＊＊＊＊＊＊が必要ですよね。

リーダー：なるほどね。それも１つの方法だね。

部下：やってみましょうよ！

リーダー：私にもそうした経験があるんだけど、そのときは、上司に＊＊＊＊って教えてもらって、＊＊＊＊＊をしてみたら、うまくいったんだ。

部下：そうなんですね。

リーダー：その方法の良い点は、＊＊＊＊＊さえ押さえておけば、結構、短期で収められるってところなんだよね。

部下：それはいいですね。やってみましょう！

リーダー：そうだね。くわしいやり方はわかるかな？

部下：大丈夫だと思います。わからないときは聞いてもいいですか？

リーダー：もちろん。それでは、お願いしますね。

部下：ありがとうございました。やってみます。

否定しない習慣を身につけてください。メンバーの発言内容が事実と違っていたり、そこに勘違いがあったりしても、です。まず一度は、すべて受け入れ、冷静に話を聞きます。

相手の話を最後まで聞いたら、まずは「**なるほどね**」と返します。この一言で、「この話をいったん全部理解しました」というニュアンスが伝わります。172ページで紹介したように、「＊＊と思ったんだね」という言葉で、相手の本音や言ったことを復唱するのも、相手に理解を示すという点で効果があります。

もう1つ大切なのが、**相手の話を聞いたあと、間髪を入れずに、命令・指示の言葉を出さないこと**です。たとえば、「なるほど。＊＊と思ったんですね。でも、＊＊だから、＊＊するしかありませんよ」のような言い方です。話を最後まで聞いたとしても、こう言うと、「一方的だった」「押さえつけられた」と感じさせ、それまでの対話が台無しになります。

219ページ図30のように段階的に対話を重ねて、**自分のやり方のメリット**を伝えたり、**相手のスキルレベルや状態を確かめながら**、「**一緒に答えを見つけた状態**」にするのが理想的です。慣れるまでは、この「待つ」姿勢はめんどうに感じるかもしれませんが、メンバーとの信頼関係があってこそ、いい仕事が生まれるもの。優先順位を間違えないようにしていただければと思います。

図31 気をつけたいリーダーの伝え方・表現のクセ

- 断定、見下しの発言
- 理由の確認をしない
- 誰かと比べる発言
- 進捗確認をしない
- 相手の存在を無下に扱い、自分のことばかりを考える
- 自分の間違いを棚に上げて謝らない

BAD	GOOD
なんで間違えたか、わかってるの？	どのプロセスで間違えたかわかりますか？
田中さんの仕事は不安だなぁ	田中さんは伸びしろあるね〜
言ってる意味わかってます？	ここまでは、わかっていますか？
なんでこんなこともできないのかな〜	ここで、間違えたんだね
言われたことだけやってくれたらいいから	そうか、そう考えてくれたから、なんだね
できてないのはあなただけだよ	そうか、ここが弱点だね
＊＊してって、言ったよね？	＊＊って言ったけど、忘れちゃったか
いやだったら、やめたら？	次はがんばろうね
あなたにそんなことできるんですか？	チャレンジしてみますか？
今そんなことやってる場合？	いまは、＊＊をお願いします
ちょっと考えたらわかるでしょ…	もう一歩、こう考えてみよう！
自分をコントロールできるようにならなきゃね…	もう一歩、がんばってみよう！
のんびりした性格だから、こうなったんじゃないの？	田中さんの良いところが、今回は弱点になってしまったね
まだそこだったんだ。私ならもっと早いけどね	＊＊してみたら、もっとスピードがあがるよ。がんばろう
思った通りだわ〜	そうきたか〜
参ったなぁ、どうしようかなぁ	よし、ここからは＊＊しよう！
やる気出してくれないと困るんだけど	これをやりぬいたら＊＊だ！
私が上司に叱られちゃうよ	ちょっと＊＊して、やり方を変えよう
これは、最悪の事態だな	おもしろくなってきたな〜

集中できる場所と 話し合える場所を作る

　ここでは、コミュニケーションを生むしくみの1つとして、オフィスレイアウトの話にも触れたいと思います。というのも、メンバーのパフォーマンスに大きく影響するからです。オフィスレイアウトは、メンバー1人ひとりが集中してパフォーマンスを上げることができ、また、チームメンバーでコミュニケーションがとれ、連携しやすい環境にする必要があります。

プロジェクトのたびに空間もリフレッシュ

　ディズニーのオフィスでは、**個人のデスクの配置は、メンバー同士の目線が合わないようにし、目に見えるところには余計なものが置かれていない**のが基本です。背中合わせの配置になっていたり、向かい合っていても目線が合わないように机を少しズラした状態で配置されたりしていました。メンバー同士で目線が合うと、必要以上に人の気配を感じて集中できなかったり、相手の機嫌を気にしてしまったりするから

です。

　特徴的だったのは、**プロジェクトごとに個人デスクがまとめられていた**ことでした。年齢、性別、社歴、国籍などが異なる部下たちが、まざって座っていた記憶があります。

　プロジェクトを終えたらメンバーは解散するので、席替えはしょっちゅうおこなわれていました。その時その時の仕事に合わせて、雰囲気も整理していたのです（余計なものを置かないルールは、すぐ席替えをするためだったのかもしれません）。

　一方で、**一声かければメンバーがすぐに集まって、話ができるスペース**も設けられていました。テーブルにメンバーがすぐ集まって、立ったまま話をする場面をよく見かけました。座ると会議が長時間になってしまうようであれば、立ったまま話ができる**背の高いテーブルをミーティングスペースに置く**といいかもしれません。

ミディアムを使って会話をうながす

　仕事では、話しづらいメンバーともある程度スムーズに会話をしていかなければならないものです。ディズニーでは、そういうとき**ミディアム（媒介物）を使う**という方法をとります。

　ミディアムとは、相手との間に置くモノです。たとえば、

本や雑誌、絵、写真、BGMなどです。机の上に置いておく
だけでなく、壁に飾るのもいいでしょう。そうしたものがあ
ると、会話がしやすくなります。

　ミーティングスペースには、**資料を貼れるホワイトボード**
を用意しておくのも効果的です。1つの写真なり資料なりを
もとにして話せるようにしておくと、メンバーの視線も集ま
りやすくなり、話しやすい場所になります。

　ディズニーでは、壁にコルクボードがあって、資料や写真
を貼っていました。お菓子やドリンクが用意され、小さい音
でBGMも流れていたのを記憶しています。

共有資料もアップデートして財産にしていく

　仕事で使う資料はできるだけ共有化し、オフィス内の専用
の棚に収納しておくと、ムダがありません。個人の資料につ
いては、デスク上に出したままにしないようにディズニーで
は徹底されています。

　また、**共有資料にも新しい情報を加えたり、関連した別の
資料を入れたりアップデートがおこなわれ、いつ、誰がおこ
なったのか、記録を残すようにしていました。**

　声に出して会話をすることだけがコミュニケーションでは
ありません。どうしたらメンバーどうしの思いが伝わるのか
を、空間作りとともに意識するといいでしょう。

しくみ**50**　離れた場所にいても信頼関係を築きたい

メンバーの小さな変化を見つける

　最近では、リモートワークがずいぶん浸透して便利になりました。ところが、便利になった一方で、若手社員を教育する立場の人たちが、上司や部下、メンバーどうしの信頼関係を築く難しさを感じるようになったといいます。

　正直なところ、リモートでなくても信頼を築くのは難しく、時間がかかるもの。しかし、なくなるときは一瞬でなくなるということを、リーダーは覚えておかなければなりません。

　組織の中には、「期待されていない」や「ほったらかしにされている」というように感じている人もいます。こうした孤立感や疎外感を放置しておくと、そこからチームの一体感や連帯感を作り上げていくには、**さまざまなコスト（時間・労力・お金）がかかるということを強く認識しておかなくてはなりません**。

　特に、リモートの環境であれば、そうした孤立感は一層強くなりやすいので、リーダーはちょっとしたタイミングでケ

アをしておくことが大切です。

瞬間的なコミュニケーションでつながりを作る

第3章で少しお伝えしましたが、ディズニーには「トゥインクリング」という瞬間的なコミュニケーションで、部下の行動をうながす手法がよく用いられます。疎外感を解消する方法としてもよく使われます。

リモートワークでも、瞬間的なコミュニケーションをとるようにしてみてください。たとえば、**リモート会議の前後5分、チャットのメッセージが届いた瞬間**、メンバーに良い出来事があったとき、**連休の前後**などです。2〜3分でかまいません。場面に合わせて、上手に使ってみてほしいと思います。

● WORD

短い言葉を使って、相手とコミュニケーションをとるやり方です。「よっ！」などの短い声かけをはじめ、「山田さん！」と相手の名字を呼ぶこともおすすめです。名字を呼ぶと、相手に社会的なつながりを感じさせることができます。

● GOODS

ちょっとしたモノを使って、相手とコミュニケーションをとるやり方です。**オンラインギフト**を相手に送るのもいいで

すし、対面であれば**飴1つ**、**ドリンク1本**をデスクの上に置くのもいいですね。「がんばって」や「お疲れさま」の気持ちが伝わり、相手もほっと一息つけて、うれしくなります。

● POSE

表情や動作で相手とコミュニケーションをとるやり方です。オンラインであれば、ポジティブな気持ちが伝わる**笑顔のスタンプ**を1つ送るのでもいいですね。対面であれば、遠くから**指をさして合図**したり、**笑顔を投げかけたり**、**ウィンク**をするといったしぐさです。「ちゃんとあなたを見ています」という気持ちが伝わります。

● GOOD

相手のがんばりを褒めて、相手とコミュニケーションをとるやり方です。褒める対象は、「相手が頑張っていること」や良い結果、相手の行動や振る舞いです。リーダー目線で褒めがちですが、**相手目線でがんばりを褒める**と印象に残ります。

● CHANGE

相手が変化したタイミングですぐ声をかけ、相手とコミュニケーションをとるやり方です。GOODとも似ていますが、「そのグッズ、今やってる＊＊のイベントでもらえるものじゃない？」「うれしそうだけど、いいことあった？」など、**わ**

かりやすい変化があったときがいいでしょう。

● TIMELY

最近の話題に触れて、相手とコミュニケーションをとるやり方です。「この前＊＊を観に行くって言ってたよね。どうだった？」「昨日のバーベキューは楽しかった？」「お子さん、4月に入学したんですよね？」のように声をかけます。内容よりも、「私のことを覚えていてくれた」ということに、相手はうれしい気持ちになるものです。

● THANKS

感謝の言葉をかけて、相手とコミュニケーションをとるやり方です。「先日は手伝ってくれてありがとう」と、相手のしてくれたことに感謝を伝えます。相手は「自分が役に立った」という自己有用感を得られます。

● SUPPORT

相手に対するお願いや期待の言葉をかけて、相手とコミュニケーションをとるやり方です。「ちょっと手伝ってもらっていい？」と声をかけ、自分と一緒に作業をしてもらうといいでしょう。席を立って動くので、気分転換にもなります。

● JOIN

これは、短い時間に同じ行動をすることによって、相手と

228

コミュニケーションをとるやり方です。オンライン飲み会を
するのもいいですし、対面であれば「ちょっと休憩スペース
にコーヒー飲みに行こうよ」「新しいお店を見つけたんだけ
れど、ランチに行かない？」などと誘うのもいいですね。

　こうしたちょっとした会話やリアクションが、案外人と人
との信頼関係を育てていくものです。一見ムダに感じますが、
長い目で見ると大きな効果があります。メンバーがふだん無
言で発しているメッセージや情報をに対して「素通りしない」
「無視しない」ということを心がけてほしいと思います。

著者紹介

大住力（おおすみ・りき）

ソコリキ教育研究所代表。Hope&Wish公益社団法人 難病の子どもとその家族へ夢を代表。大学卒業後、株式会社オリエンタルランドに入社。約20年間、人材教育、東京ディズニーシー、イクスピアリなどのプロジェクト推進、運営、マネジメントに携わったのち退職。その後、「Hope&Wish公益社団法人 難病の子どもとその家族へ夢を」を創設。2020年に同法人は日本における「働きがいのある会社ランキング小規模部門第3位」、アジア地域における「働きがいのある会社ランキング中小企業部門第17位」を受賞。東京2020オリンピック・パラリンピックのボランティア人材育成統括も務める。これまでに業種業態を超えた行政、企業、団体に講演、人材教育指導、コンサルティングをおこなっている。『一度しかない人生を「どう生きるか」がわかる100年カレンダー』（ディスカヴァー・トゥエンティワン）、『マンガでよくわかる ディズニーのすごい仕組み』（かんき出版）など、著書多数。

どんな人も活躍できる
ディズニーのしくみ大全 〈検印省略〉

2024年 6 月 18 日 第 1 刷発行
2024年 8 月 20 日 第 2 刷発行

著　者――大住　力（おおすみ・りき）

発行者――田賀井　弘毅

発行所――株式会社あさ出版

〒171-0022　東京都豊島区南池袋 2-9-9 第一池袋ホワイトビル 6F

電　話　03 (3983) 3225 (販売)
　　　　03 (3983) 3227 (編集)
F A X　03 (3983) 3226
U R L　http://www.asa21.com/
E-mail　info@asa21.com

印刷・製本　（株）シナノ

note　　　　http://note.com/asapublishing/
facebook　http://www.facebook.com/asapublishing
X　　　　　http://twitter.com/asapublishing

悪口を言われても
気にしない人の考え方

堀 もとこ 著

四六判　定価1,540円　⑩

How To STARTUP

イノベーションを起こす
ビジネスアイデアの育て方

久野孝稔 著

A5判　定価1,870円　⑩